O Guardião do Templo

Um Exu do Fogo e da Justiça

O Guardião
do Templo

Um lago fogo nadista

Carlos Casimiro
Inspirado pelo espírito Preto-Velho Pai
Barnabé e Exu do Fogo

O Guardião do Templo

Um Exu do Fogo e da Justiça

MADRAS®

© 2022, Madras Editora Ltda.

Editor:
Wagner Veneziani Costa (*in memoriam*)

Produção e Capa:
Equipe Técnica Madras

Revisão:
Maria Cristina Scomparini
Jerônimo Feitosa

Dados Internacionais de Catalogação na Publicação
(CIP)(Câmara Brasileira do Livro, SP, Brasil)

Casimiro, Carlos
O guardião do templo: um Exu do fogo e da justiça/Carlos Casimiro; inspirado pelo espírito Preto-Velho, Pai Barnabé e Exu do Fogo. – São Paulo: Madras, 2022.

ISBN 978-85-370-1237-6

1. Romance brasileiro 2. Umbanda (Culto)
I. Preto-Velho. II. Pai Barnabé. III. Exu do Fogo.
IV. Título.

19-31902   CDD-299.672

    Índices para catálogo sistemático:
    1. Romances mediúnicos : Umbanda   299.672
    Cibele Maria Dias - Bibliotecária - CRB-8/9427

É proibida a reprodução total ou parcial desta obra, de qualquer forma ou por qualquer meio eletrônico, mecânico, inclusive por meio de processos xerográficos, incluindo ainda o uso da internet, sem a permissão expressa da Madras Editora, na pessoa de seu editor (Lei nº 9.610, de 19/2/1998).

Todos os direitos desta edição reservados pela

MADRAS EDITORA LTDA.
Rua Paulo Gonçalves, 88 – Santana
CEP: 02403-020 – São Paulo/SP
Tel.: (11) 2281-5555 — (11) 98128-7754
www.madras.com.br

Agradecimentos

Agradeço ao nosso Pai Olorum e ao Pai Oxalá, por terem permitido que eu encontrasse o caminho da Umbanda. Hoje sei que tudo acontece por intermédio deles e do nosso merecimento.

Agradeço aos Orixás, Guias e Guardiões protetores que me acompanham, pelo conhecimento dado, proteção e sustentação em todos os trabalhos e em minha vida. Agradeço aos Orixás, Guias e Guardiões protetores da Tenda de Umbanda Ogum Beira-Mar e Pai João de Mina, por me darem conhecimento, sabedoria e sustentação em todos os trabalhos desde que iniciei na casa. Agradeço ao Pai Barnabé e ao Exu do Fogo, por terem usado a mim como matéria para que esta linda história pudesse ser escrita.

Agradeço à minha família, agradeço aos dirigentes espirituais, mestres e médiuns da Tenda de Umbanda Ogum Beira-Mar e Pai João de Mina, por todo apoio e incentivo nesta jornada.

Índice

Prefácio 9
Palavras do Autor 11
O Juiz Condena... O Juiz Será Condenado 13
O Filho Íntegro 15
Amor Mútuo – um Sonho Prestes a Ser Realizado 17
Amor Não Correspondido 31
Corrompido pelo Desamor 35
O Réu Executor 43
O Resultado de uma Decisão Impensada 51
Arrependimento Tardio 57
Vibrações Desconhecidas 61
Tarde para Revelar a Verdade 65
O Vigário 73
A Vingança dos Réus 81
Réu dos Réus 83
De Escravo a Aliado das Trevas 87
Desconhecido Hoje, Aliado Amanhã 97

A Traição 105
O Resgate 109
O Reencontro. A Verdade Revelada 133
Evoluindo ao Lado dos Exus Guardiões 143
Regido pelo Senhor do Fogo e da Justiça 157
No Templo dos Guardiões. A Iniciação Continua 171
Exu do Fogo. O Guardião do Templo Sagrado 177
Exu do Fogo. Exu da Justiça 185

Prefácio

Mais um lindo romance inspirado pelo Preto-Velho Pai Barnabé. Neste, ele narra a história de um juiz que viveu no século XVII. Heitor sempre fora um homem justo. Filho de uma família com posses e bem-sucedida, desde pequeno tinha os melhores exemplos em casa, pois seus pais sempre tratavam as pessoas como iguais e não as menosprezavam por sua classe social ou etnia. Heitor os admirava, principalmente seu pai, prque naquela época era comum homens casados e com posses terem relacionamentos com mulheres fora do casamento, porém ele via seu pai diferente, pois tratava sua esposa e filho com amor e dedicação.

Já adulto, por agir de forma justa e honesta, Heitor fora nomeado juiz pela população. Em um de seus julgamentos conhece Clarice, que em meio aos que ali estavam o observava. Uma ligação muito forte surge entre eles... Mas o futuro reservaria surpresas, tanto para Heitor como para Clarice.

Até que ponto podemos chegar por um amor não correspondido? As decisões e os caminhos que escolhemos podem trazer consequências terríveis quando guiados pelo ódio. E, em razão disso, movido por sentimentos negativos, Heitor cegou-se de tal forma que nem ele mesmo imaginaria o que poderia acontecer, tudo em troca de propinas e até mesmo prazeres com mulheres. Passou a agir de forma injusta, sentenciando pessoas inocentes à morte... A partir de escolhas ruins vem a culpa, e com ela mais sentimentos negativos, abrindo portas para influências de espíritos trevosos.

Podemos tentar esconder nossos erros dos olhos do homem, porém nada se esconde dos olhos divinos. Toda ação possui uma reação e o pagamento de nossos atos pode ser alto. No caso de Heitor, ele pagaria dos dois lados, em vida e em espírito... Porém, talvez isso não tivese acontecido. Se ele houvesse observado a situação daquela súbita paixão com os olhos da razão, seu destino poderia ter sido diferente... Mas Heitor deixou a emoção tomar conta. E, em consequência de suas ações e escolhas, o juiz, que um dia julgava na Terra, foi julgado nas trevas.

Tenha uma boa leitura!

Palavras do Autor

Ciente de que receberia este lindo romance do Exu do Fogo, preparei-me mentalmente, pois, assim que terminei de escrever a história do Guardião do Cemitério, o Preto-Velho Pai Barnabé disse-me as seguintes palavras...

"Bem. Essa foi a vida que Nestor teve até se tornar o Guardião do Cemitério, filho. Agora, peço que fique atento, pois em breve receberá as histórias de vida de dois seres que foram resgatados pelo Guardião e foram mencionados aqui... Um deles foi Heitor, um juiz que, por um amor não correspondido, deixou de julgar de forma justa e começou a sentenciar pessoas inocentes à morte. Em troca, recebia propinas e prazeres da carne com mulheres. Como muitos dos que tiveram suas mortes decretadas por Heitor afundaram seus espíritos e aliaram-se aos trevosos, o destino de Heitor não poderia ser outro, com tantas forças inimigas o influenciando. Sim, Heitor era um trevoso e, mesmo agindo fora da Lei, orientou ao Guardião do Cemitério, quando este fora pego e direcionado para sua egrégora trevosa... E o Guardião do Cemitério não se esqueceria desse grande gesto de Heitor. Após seu resgaste e trabalhos junto a Exus Guardiões, Heitor tornou-se um aliado do Guardião do Cemitério e, hoje, apresenta-se como Exu do Fogo... e é O Guardião de um Templo religioso."

Com essas palavras em mente aguardei, até que em um determinado dia a força do Preto-Velho Pai Barnabé novamente se fez presente.

– Salve vossa sagrada presença, meu pai.

– Abençoado seja em nome de nossa Sagrada Santíssima Mãe, Zambi e suas Forças Divinas... Disposto a ouvir outra história?

– Claro, meu pai!

– O que ouvirá hoje é a história do juiz Heitor, um homem que era justo, mas por causa de desencantos no amor, segundo ele mesmo, tornou-se sórdido, sem pensar nos sentimentos alheios, não se preocupando se outros iriam ou não sofrer, em razão de suas decisões impensadas. E, por essas decisões, seu destino não poderia ser outro... A cobrança viria dos próprios trevosos... Aqueles que um dia foram condenados pelo juiz Heitor.

As palavras do próprio Heitor no final deste romance valeram a ele mesmo...

"Você até pode esconder seus erros aos olhos dos que estão na carne, mas nunca conseguirá esconder dos olhos divinos!... Se deve, irá pagar! E não importa o tempo! Se não pagar de um lado, pagará do outro!... Somos cobrados por nossas próprias ações e escolhas!"

Mas, no caso do nobre juiz Heitor, seria diferente... Ele pagaria dos dois lados... Em vida e em espírito.

O Juiz Condena...
O Juiz Será Condenado

Século XVII. Ano de 1630. Em meio a um tribunal em praça pública em terras brasileiras, um réu estava prestes a receber sua sentença. Diferente de muitos, não teve como pedir clemência; foi obrigado a permanecer calado durante seu julgamento, e quem havia ordenado fora o próprio juiz... Ele tinha motivos para ordenar que o réu ficasse calado, pois, se falasse algo, o juiz sabia que ficaria em má situação.

O réu já estava ciente de sua sentença, pois a havia recebido dias atrás. Mesmo assim parecia não estar preocupado com aquela corda em volta de seu pescoço, muito menos com o carrasco ao seu lado. Pelo contrário, o réu parecia estar com ódio. Dezenas de pessoas estavam presentes, mas seu olhar estava fixo somente no juiz... A forma como olhava parecia desejar vingança, mesmo que fosse após sua morte.

O juiz sabia que havia motivos para que o réu ficasse com aquele ódio em seu olhar, também percebeu que era seu alvo naquele momento, mas não podia voltar da decisão.

Antes que o carrasco fizesse com que a sentença fosse concretizada, o juiz teve de deixar todos os que estavam presentes cientes do motivo de sua decisão...

– Além dos crimes cometidos antes de ser resgatado por cerca de dez criminosos aqui já relatados, o réu ceifou mais três vidas!... Dois homens e uma mulher, sendo que esta guardava em seu ventre uma criança... Sendo assim, pelo poder em mim investido, declaro o réu culpado!... O mesmo será levado à forca e por ela será morto! – quem dava a sentença era o juiz Heitor.

Heitor sempre foi um homem justo; ainda jovem, não gostava de coisas erradas e, mesmo que esses erros estivessem ligados a membros de sua família, também agia de forma justa. Entretanto, com o passar dos tempos, aquele nobre juiz começou a mudar. Sua forma de julgar já não era mais a mesma, o ódio parecia consumi-lo. Não se preocupava mais com o que era certo ou errado.

Mas, para que possamos entender a história de Heitor, o motivo pelo qual estava condenando aquele réu e por que passou a aceitar ser corrompido a fim de condenar inocentes, precisamos voltar um pouco no tempo, quando Heitor ainda era uma criança.

O Filho Íntegro

Heitor era filho de uma família imigrante muito bem-sucedida. Seu pai veio para o Brasil, aqui conheceu sua mãe e logo tiveram Heitor. Juntos, seus pais conquistaram terras, fazendas, trabalhadores... Era uma das famílias que possuíam mais bens no local onde moravam. Mesmo com todo luxo, seu pai era um homem trabalhador e viajava a negócios, mas logo que voltava, sua atenção era direcionada totalmente à sua esposa e seu filho.

Heitor tinha grande admiração por seus pais, e um dos motivos era a forma como tratavam a outros. Não menosprezavam ninguém por sua classe social ou etnia; tinham como serviçais pessoas que viveram como escravos, mas não as exploravam, pelo contrário, elas eram tratadas como membros da família. Heitor aprendeu desde cedo que aquelas pessoas não eram diferentes das outras, apenas pelo fato de serem negras.

Entre esses serviçais havia alguém que era diferente: a governanta, uma senhora que vivera por anos como escrava e, quando estava com aproximadamente 50 anos, foi comprada pelo pai de Heitor. O que a tornava diferente dos outros serviçais era o dom que havia recebido. Porém, de todos daquela casa, apenas ela tinha conhecimento desse dom.

O respeito ao próximo era uma das coisas que fazia com que a admiração de Heitor por seus pais aumentasse ainda mais. Além disso, outra coisa fazia com que Heitor admirasse ainda mais seu pai: o carinho e respeito que ele tinha por sua mãe. Sim, naquela época, o fato de um homem casado ter contato com outras mulheres quase não era questionado, ainda mais quando ele possuía bens. Muitos chegavam a ter contato com outras na frente de suas esposas, e estas, nada podiam fazer, eram submissas.

O pai de Heitor não mostrava ser assim. Mesmo recebendo propostas de outras mulheres, não aceitava e isso fazia com que Heitor o admirasse ainda mais.

Porém, existia algo sobre seu pai que Heitor não sabia e, quando a verdade viesse à tona, não haveria muito o que fazer, a não ser tentar ocultar um passado de total desequilíbrio e mortes ceifadas.

Quando Heitor estava com aproximadamente 30 anos, os moradores fizeram uma votação para eleger um juiz. Heitor foi nomeado pelo povo e isso se deu por sua forma justa de agir.

Ainda nessa mesma época, Heitor se apaixonou por uma linda jovem, cujo nome era Clarice e com a qual possuía uma ligação muito forte, sendo correspondido por ela. E, por isso, Heitor e Clarice iniciaram uma amizade muito intensa, chegando a se declararem... Mas aquela amizade e declarações seriam interrompidas por alguém, o próprio pai de Heitor... Ele não deixaria aquela relação seguir em frente.

Amor Mútuo – um Sonho Prestes a Ser Realizado

Depois de mais um dia de trabalho, Heitor chegou a sua casa. Sua feição já não era mais a mesma, há dias parecia trazer algo em seu coração e sua mãe já havia notado aquela mudança repentina em seu filho.

– Por que essa felicidade toda, meu filho? – perguntou a mãe de Heitor. – Há algum tempo tenho notado que anda muito feliz... Está acontecendo algo que ainda não sabemos?

– Pela expressão do meu nobre juiz, não tenho dúvidas de que existe uma mulher para deixá-lo assim – falou sorrindo o pai de Heitor.

Heitor se sentou ao lado de seus pais. Ele iria contar o motivo para tal felicidade.

– Acho que o desejo de vocês será realizado! – Heitor falou emocionado.

– Qual desejo, meu filho? – perguntou o pai de Heitor.

– Pai, há algum tempo conheci uma jovem. Ela é linda!... Sei que vão achar que é bobagem minha, mas senti uma ligação muito forte com ela! Eu acho que...

Heitor não conseguiu terminar de falar. Estava visivelmente emocionado.

– Acha que está apaixonado, meu filho? – perguntou a mãe de Heitor, sorrindo.

– Sim, minha mãe! – Heitor afirmou feliz.

– Bobagem é você ter achado que iríamos pensar isso, meu filho! – era o pai de Heitor quem falava. – Não vejo problema algum você ter se apaixonado por uma mulher, afinal eu e sua mãe sempre pedimos por esse momento... E onde a conheceu, Heitor?

– Em um dos julgamentos que fiz próximo de onde ela mora, meu pai. Eu estava ouvindo a população, eles pediam a morte de uma mulher por ter abandonado seu filho. Enquanto gritavam por justiça, avistei Clarice em meio às pessoas e percebi que ela olhava para mim. A população ficou revoltada porque eu não sentenciei aquela mulher... Ela não havia abandonado seu filho! Apenas o entregou para outra por não ter condições de cuidar!... Achei sua atitude muito louvável. Por isso aceitei seu pedido de clemência. Mas os que estavam próximos não aceitaram, queriam fazer justiça com as próprias mãos, mas meus homens protegeram a ré. Clarice foi a única que não fez nada. Apenas ficou no local depois que todos foram embora e, como percebi que ela ainda olhava para mim, fui ao seu encontro. Ficamos conversando por um longo tempo. Naquele dia, Clarice não disse o motivo de estar olhando para mim, mas dias depois revelou ter sentido algo em seu coração ao me ver... Desde o primeiro dia pude sentir que era algo além de um simples olhar, meu pai!

Após um breve silêncio, visivelmente emocionado, Heitor concluiu.

– Pai, mãe: acho que encontrei a mulher que será a mãe de meus filhos.

A mãe de Heitor tinha lágrimas em seus olhos por saber que seu filho estava prestes a realizar seu sonho e de sua família.

– Fico feliz em saber isso, meu filho! E não tenho dúvidas de que seu pai também está... Não é mesmo, meu querido?

– Claro! – afirmou o pai de Heitor. – Parece que nosso pequeno Heitor se tornou homem e, agora, há de tornar-se um chefe de família! – e sorriu para sua esposa.

– Estamos muito felizes por você, Heitor!

– Também estou feliz, minha mãe.

– Já sabe onde ela mora?

– Sim, minha mãe! No dia em que a conheci, fiz questão de levá-la até sua casa. É em uma pequena vila próximo ao vale. Já nos encontramos algumas vezes para conversar, sempre a levo até sua casa... Mas fiquem tranquilos!... Meu mensageiro sempre para a carruagem antes da casa de Clarice, e eu fico atento para que ninguém a veja saindo.

– Como disse que ela se chama, meu filho? – perguntou o pai de Heitor.

– Clarice, meu pai.

– E ela mora próximo ao vale? – perguntou o pai de Heitor com feição de estar desconfiado.

– Isso mesmo, meu pai. Pelo que pude perceber, Clarice é bem humilde. Ela disse que mora apenas com sua mãe.

– E o pai dela, meu filho? Como vamos conversar com ele caso realmente decidam se casar? – perguntou a mãe.

– Ela não tem muito contato com o pai, minha mãe.

– Bem, se realmente for coisa séria, podemos falar com a mãe de Clarice... Não podemos, querido? – perguntou a mãe ao pai de Heitor.

O pai de Heitor estava em silêncio, parecia pensar em algo.

– Algum problema, meu pai? – perguntou Heitor.

– Sim, meu filho! Peço que vá com calma com essa moça!

– Mas por quê?! Há pouco o senhor estava feliz!... Por que mudou sua opinião de forma repentina?!

– Eu estou feliz, Heitor! Só peço que não vá com tanto afinco nessa situação! Algumas moças que moram próximo ao vale não me inspiram confiança! Muitas vendem seus corpos em troca de valores! – disse o pai de Heitor. Ele parecia estar preocupado com o futuro de seu filho.

– Sei disso, meu pai! Mas Clarice não é uma dessas! Tenho certeza!... Ela está próxima de completar 20 anos! As outras que vendem seus corpos já têm mais idade! Além disso, Clarice jurou que nunca foi tocada por ninguém!

– Mesmo assim, peço que vá com calma, meu filho! Antes, precisamos saber realmente quem é essa jovem!

– Caso o senhor permita, posso trazê-la aqui para que vocês a conheçam.

– Não!! Só irá trazê-la aqui quando eu permitir!! – o pai de Heitor afirmou e saiu daquele cômodo.

– Há algum problema com meu pai?

– Ele deve estar cansado. Não se preocupe, Heitor. Amanhã conversarei com ele.

Heitor achou estranha a reação que seu pai tivera. De forma repentina, parecia ter mudado seus pensamentos quanto ao que acabara de ouvir... Havia um motivo para isso, porém Heitor só iria entender quando não havia mais o que ser feito.

Passaram-se alguns meses desde que Heitor conversara com seus pais sobre Clarice, e, durante esse tempo, seu pai ia quase que de forma rotineira aos locais onde Heitor sentenciava os réus. Ele ia às escondidas, não deixava Heitor saber de sua presença; sua intenção era ver quem era a mulher por quem seu filho se apaixonara. Em um determinado dia, sem que Heitor soubesse, seu pai o avistou ao lado de Clarice. E, ao vê-la, não teve dúvidas de que não iria aceitar aquela relação.

Naquele mesmo dia, assim que Heitor chegou a sua casa, sem demora, seu pai foi ao seu encontro...

– Heitor, preciso falar com você, meu filho.

– Aconteceu alguma coisa, meu pai? Parece preocupado!

– Sim! Realmente estou preocupado! E o motivo é você e Clarice!

– Não entendo, meu pai. Desde que falei sobre Clarice, o senhor parece ser outra pessoa!... Há algo de errado?

– Vocês não podem continuar com essa relação! Não podem se casar! Clarice não é a mulher ideal para você, meu filho!

Heitor fez uma expressão de não estar entendendo o que seu pai dissera.

– Por que está dizendo isso?! O senhor não conhece Clarice! Como pode ter tanta certeza de que ela não é a mulher ideal para mim?! O senhor sempre quis me ver casado, ter netos... Como de uma hora para outra mudou de ideia?!

– Não mudei de ideia, Heitor! Só estou dizendo que Clarice não é a mulher para ser a mãe de seus filhos!

– Mas por que acha isso, meu pai?! O senhor a conhece?!

O pai de Heitor ficou em silêncio por um tempo. Em seguida, disse:

– Apenas de vista! – afirmou ele, sem olhar para Heitor. – Fui algumas vezes aos locais onde você sentenciava os réus e, em um desses lugares, vi você junto a Clarice.

– O senhor seguiu a mim para ver quem era Clarice?! – Heitor estava indignado. Não compreendia por que seu pai agira de tal forma.

– Desculpe-me, meu filho! Tive de fazer isso! Precisava saber quem era a mulher por quem se apaixonou! – o pai de Heitor falava de forma exaltada.

– Mas eu iria trazer Clarice para que o senhor e minha mãe a conhecessem! O senhor que sempre impediu, dizendo que ainda era muito cedo para termos contato entre famílias! – Heitor falava de uma forma como se fosse perder o respeito por seu pai.

– E fiz o certo, Heitor! Não queira entender os motivos! Só escute o que lhe digo: afaste-se de Clarice!... Além disso, já disse que muitas daquelas mulheres são devassas!

– Mas eu já lhe disse que Clarice não é devassa!... Não sei por que está dizendo isso, deve ter seus motivos, mas não vejo razão para tal decisão! Clarice é a mulher que escolhi para ser a mãe dos meus filhos! – e após um breve silêncio, Heitor concluiu:

– Sinto muito, meu pai!... Não posso concordar com sua escolha!

O pai de Heitor olhou de forma séria para seu filho e afirmou:

– Enquanto estiver morando embaixo de meu teto, terá de respeitar minhas decisões, Heitor! Esse relacionamento não pode existir!... Melhor que nem sejam amigos!

Já um tanto nervoso, Heitor levou suas mãos à cabeça e, aumentando seu tom de voz, disse:

– Está pedindo algo que eu não posso aceitar, meu pai!! – Heitor esbravejou.

– Será melhor para você e Clarice! – afirmou o pai de Heitor. E, olhando de forma séria para seu filho, ordenou:

– Nunca mais aumente seu tom de voz comigo! Pode ser adulto e ter seus valores... Mas sou seu pai!... Eu exijo respeito! – disse o pai de Heitor e começou a caminhar para sair da casa. Mas, antes, iria dar mais um recado para Heitor:

– Espero que escute meus conselhos, Heitor. Não se aproxime de Clarice! Se desrespeitar minha ordem, terei de ser mais severo com você, meu filho! – e saiu da casa.

Heitor achou estranha aquela reação. Desde que era jovem sempre ouvira o pai dizendo que seu sonho era ver seu filho casado com uma mulher que o ajudasse a ter um futuro promissor, que fosse uma mãe zelosa, que sempre estaria ao lado de seu filho, independentemente da situação, e Heitor sentia que Clarice seria tudo o que sempre sonharam. Mas, mesmo tendo essa certeza, seu pai não iria mudar sua decisão.

Passou-se algum tempo e, nesse período, Heitor tentava mudar a decisão de seu pai... Mas era inútil... Ele estava decidido que aquela relação não poderia prosseguir.

Em determinado dia, quando Heitor estava em casa, cabisbaixo, tentando entender o porquê da decisão de seu pai, sua mãe se aproximou.

– Algum problema, meu filho?

– Sim, minha mãe! Mas não quero incomodá-la com isso – disse Heitor ainda cabisbaixo.

A mãe de Heitor sentou ao lado dele e o acariciou...

– Heitor, sou sua mãe! Jamais irá incomodar-me com seus problemas! Vamos, Heitor, diga-me o que o aflige! Qual o motivo dessa tristeza, meu filho?... Seria por causa da decisão de seu pai quanto à sua relação com Clarice?

– Ele não muda sua decisão! Não quer que eu me aproxime de Clarice! – disse Heitor, levantando-se com feição de não saber mais o que fazer.

– Mas por qual motivo seu pai não quer que Clarice não seja sua esposa, meu filho? – a mãe de Heitor também tentava entender.

– Essa é uma pergunta que faço a mim mesmo há meses, minha mãe! Sempre que pergunto qual o motivo para essa decisão, ele responde a mesma coisa: Clarice não é a mulher ideal para mim!

– Por que não a traz aqui para que possamos conhecê-la? Talvez mude sua decisão.

– Não posso, minha mãe! Meu pai proibiu tal ação. Não posso passar por cima de suas ordens.

A mãe de Heitor tentou refletir naquela situação, mas, por mais que tentasse, não conseguia chegar a uma conclusão.

– Não consigo entender o porquê dessa decisão de seu pai, meu filho... Vamos conversar com ele. Quem sabe nos explique os motivos.

– Não, minha mãe! Não quero que a senhora vá contra a decisão de meu pai por minha causa. Não quero que sua relação de amor com ele se transforme em ódio... Vamos deixar que o tempo tome conta de sua decisão.

– Não vou contra a decisão de seu pai, meu filho! Só quero entender o porquê disso.

Naquele mesmo dia, enquanto todos jantavam, Heitor estava cabisbaixo. Ele pensava no que iria fazer para mudar a decisão de seu pai.

Vendo a forma como Heitor estava, sua mãe decidiu falar:

– Sabe qual o motivo para Heitor estar abatido? – perguntou ela a seu companheiro.

– Sim! Porque proibi seu relacionamento com Clarice!... Alguma objeção quanto a isso?!! – o pai de Heitor parecia estar nervoso.

– Mas por que tomou essa decisão? Sempre dissemos que nós queríamos ver Heitor casado com uma moça de boa conduta, ter netos!... Clarice pode ser a mulher que fará nossa felicidade e a de nosso filho... Por que está proibindo-o? Heitor já nos disse que ela é uma bela moça, educada, pura!... Não seria essa a esposa ideal para nosso filho?... Ou está proibindo por causa da condição humilde que Clarice vive? Mesmo sendo de família humilde, é a mulher que Heitor escolheu para ser a mãe de seus filhos!

– A condição financeira dela não me importa, meu pai! – falou Heitor.

– Mesmo que Clarice tivesse condições como a nossa, eu não iria permitir essa relação! – afirmou o pai de Heitor.

– Mas há de haver um motivo para tal decisão, não? – perguntou a mãe de Heitor.

O pai de Heitor se levantou e, em tom de ira, finalizaria aquela conversa.

– Se há motivos ou não, isso não importa!!! – gritou e bateu na mesa. – Não vou permitir tal relação!!! Enquanto eu estiver vivo, não vou deixar que isso aconteça!!! – ele continuava falando em alto tom. E, após um pequeno silêncio, concluiu: – Não quero mais que toquem neste assunto!!!... Isso é uma ordem!!!... Entenderam?!!

O silêncio imperou naquele momento.

Passaram-se alguns dias. Heitor não sabia o que fazer, queria de qualquer forma falar com Clarice, mas não podia ir contra as ordens de seu pai. Sim, Heitor era um filho com muitas qualidades, e uma delas era seguir os conselhos de seus pais e obedecer suas ordens. Isso mesmo, mesmo sendo um juiz, Heitor sabia que devia respeito a seus pais, e não o fazia por ser uma obrigação.

Mesmo com esse amor e respeito, Heitor estava decidido a fazer algo por ele e pela mulher por quem se apaixonou.

Durante algum tempo, Heitor pensou em algo e, assim que decidiu, estava certo de que iria deixar Clarice ciente sobre a decisão de seu pai e também sobre sua decisão... Sair da casa de seus pais para que pudessem viver juntos.

Dias depois, Heitor falou com um de seus homens. Era seu fiel mensageiro.

– É só isso o que tem a fazer – era Heitor quem falava com o mensageiro. – Diga a Clarice que preciso falar com ela. Leve-a até o vale onde nos encontramos das outras vezes. Estarei escondido em outra carruagem – Heitor tirou algo de uma bolsa e entregou ao mensageiro. – Pegue – entregou-lhe uma túnica. – Peça para que ela use essa túnica e cubra sua cabeça para que ninguém a reconheça!

O mensageiro fez conforme orientado e Heitor se dirigiu para o lugar combinado.

Depois de aproximadamente duas horas, o mensageiro chegou com Clarice. Ela desceu e foi em direção à carruagem onde Heitor estava.

– O que aconteceu, Heitor?! Por que ordenou ao mensageiro que buscasse a mim?! Por que tive de usar essa túnica?! – Clarice parecia estar preocupada.

– Acalme-se, Clarice! Preciso lhe dizer algo.

– Pois então diga! Estou ficando preocupada!

– Entre!... Sente-se para que eu possa lhe explicar.

Heitor contou toda a verdade sobre a decisão de seu pai... Clarice parecia não acreditar no que acabara de ouvir...

– Mas há de haver um motivo para que seu pai vá contra nossa relação, Heitor! Por que ele não diz?

– Não sei! Já perguntei diversas vezes, mas ele não responde.

– Então, leve-me até sua casa! Talvez juntos possamos convencê-lo, não?

– Não! Meu pai proibiu tal ação!

– É porque sou pobre, não é?! Seu pai acha que você merece uma mulher com melhores condições do que a minha, Heitor!... Tenho certeza de que é esse o motivo! – disse Clarice com algumas lágrimas em seu olhos.

– Não! Tenho certeza de que não é por isso! Meu pai nunca menosprezou alguém pelo fato de termos boas condições financeiras! Além do mais, ele já afirmou muitas vezes que sua condição humilde não importa! Só quer que eu seja feliz.

Clarice chorava, não podia imaginar sua vida longe de Heitor, o amor que sentira por ele parecia estar dentro de si há anos e Heitor também sentia isso... Mas não faziam ideia de por que se amavam de forma tão intensa.

Mesmo com a decisão de seu pai, Heitor estava decidido que iria seguir sua vida junto a Clarice.

– Não chore, Clarice. Tenho outra coisa para lhe contar.

– Nada do que me contar irá suprir a dor que sinto, Heitor! – Clarice falou chorando. – Sabe que o amo! Não vou conseguir ficar longe de você!

– Acalme-se! Tenho certeza de que essa dor em seu coração passará assim que ouvir o que tenho a dizer... Durante os últimos dias, vim pensando em algo para que possamos ficar juntos e acabei tendo uma ideia.

– Mas você disse que seu pai não quer que fiquemos juntos! O que pensa em fazer para mudar sua decisão?

– Se realmente quer se casar comigo, terá de aceitar minha proposta!

– É claro que quero, Heitor! Mas não quero que entre em atrito com seu pai por minha causa!

– Não vou entrar em atrito com ele! Seja qual for sua decisão, ele é meu pai! Tenho de respeitá-lo!

Clarice aceitou as palavras de Heitor, em seguida perguntou:

– E qual a ideia que teve, Heitor?

– Bem, como eu moro com ele, não posso passar por cima de suas ordens. Mas embaixo do meu teto quem dita as ordens sou eu!

Clarice arregalou seus olhos, parecia não acreditar no que acabara de ouvir.

– Heitor!... Está querendo dizer que...

– Sim! Se aceitar, darei um jeito para comprar um lar. Pode até demorar, mas iremos viver juntos!... E então?... Aceita?... Acredito que sua mãe não irá contra.

– Claro que minha mãe não irá contra! Ela ainda nem o conhece, mas já gosta muito de você, Heitor! Sempre falo a ela sobre nossos encontros! – Clarice já não chorava. Estava muito feliz.

Heitor e Clarice ficaram conversando por mais algumas horas e, no final da tarde, o mensageiro a levou embora.

Alguns dias depois, Heitor decidiu contar sua decisão a seus pais. Eles jantavam quando Heitor contou e, ao ouvir, seu pai entrou em fúria.

– Você ficou louco, Heitor?!!! – o pai de Heitor gritou e bateu na mesa. – Está desobedecendo uma ordem minha?!!! É isso o que estou entendendo?!!!

– Não estou desobedecendo sua ordem, meu pai! Só disse que vou dar um jeito para conseguir um lar para que Clarice e eu possamos nos casar e morar juntos!

– Mas eu já lhe disse que essa relação não pode existir!!!... Não disse?!!! – gritou.

– Acalme-se, por favor! – pediu a mãe de Heitor.

– Só vou me acalmar quando tiver a certeza de que Heitor esqueceu aquela mulher!!!... Não vou permitir que essa relação aconteça!!! – o pai de Heitor falava como se Clarice fosse a pior mulher para seu filho.

O pai de Heitor ficou a olhar para seu filho. Ele pensava no que iria dizer para que o filho se afastasse de Clarice. Sem saber o que ele pensava, Heitor iria dizer algo de que seu pai se aproveitaria para tentar acabar de uma vez por todas com aquela relação.

– Do jeito que fala, parece que Clarice é uma meretriz, meu pai!

Esse parecia ser o momento pelo qual o pai de Heitor esperava...

Ele se levantou, olhou para seu filho e de forma séria disse:

– Clarice não está longe de ser uma meretriz, Heitor! – e saiu da casa.

Heitor chorava, tentava entender o motivo de tanto ódio em seu pai. E, do lado de fora da casa, seu pai também chorava, e o motivo era por ter dito algo que não queria... Dizer que Clarice não estava longe de ser uma meretriz o deixou abalado.

Mesmo sem ter a certeza se aquela era a realidade de Clarice, Heitor achou estranho o que seu pai dissera. Não fora isso que tinha aprendido quando criança. Seus pais sempre lhe ensinaram que nunca deveria julgar alguém, independentemente da classe social ou pela vida que levavam. Mas, muitos anos depois, Heitor iria descobrir que seu pai dissera tais palavras como uma tentativa de impedir aquela relação.

Mesmo sem a concordância de seu pai, Heitor não cedeu. Estava decidido em dar um jeito para ficar ao lado de Clarice e seguiu adiante com sua ideia; iria sair de casa, somente assim poderia tomar suas decisões.

Mas, sem que Heitor soubesse, algo aconteceria, fazendo com que seu plano não fosse adiante.

Amor Não Correspondido

Sem que seu pai soubesse, durante tempos, Heitor começou a juntar alguns valores. Sua intenção era adquirir um lar; não estava preocupado com luxo, seu maior interesse era estar ao lado da mulher por quem se apaixonou quase que de forma instantânea, e Clarice já estava ciente de que Heitor passaria por cima de tudo para ficarem juntos.

Os pais de Heitor eram muito bem-sucedidos, poderiam facilmente dar condições para que seu filho tivesse uma vida de luxo ao lado de sua esposa. Mas, em se tratando de Clarice, isso não iria acontecer. Por outro lado, Heitor queira sentir o prazer de ter conquistado algo pelo que batalhou durante tempos.

Certo que em um futuro próximo poderiam se casar, Heitor resolveu falar com Clarice. Ele fez como de outras vezes, pediu para o mensageiro buscá-la e levá-la até o local combinado. Heitor iria dizer que logo poderiam ficar juntos e estava certo de que Clarice ficaria feliz.

Já era final de tarde quando Clarice chegou acompanhada do mensageiro. Heitor estava visivelmente feliz, mas Clarice demonstrava o contrário.

Assim que Clarice entrou na carruagem, Heitor notou sua tristeza.

– Por que está triste, Clarice? Há algum problema?

– Sim, Heitor! – Clarice afirmou com lágrimas em seus olhos.

– Tenho certeza de que ficará feliz quando escutar o que tenho a dizer.

Heitor segurou nas mãos de Clarice e, com feição de felicidade, iria dizer sobre seus futuros.

– Clarice, pode ir se preparando! Em breve, não será apenas a Clarice... será a senhora Clarice, esposa do juiz Heitor! – e sorriu emocionado.

Mas a felicidade de Heitor estava prestes a terminar, pois Clarice não correspondeu da mesma forma.

– Heitor, preciso dizer algo.

– Pode dizer, Clarice... Mas por que continua triste? Não era isso o que estava esperando? Não queria ser minha fiel companheira?

Clarice não respondeu à pergunta, apenas olhava Heitor de forma amorosa, mas já estava certa de que não poderiam ficar juntos.

Percebendo que Clarice não correspondia como de outras vezes, Heitor começou a ficar preocupado.

– O que aconteceu, Clarice? Diga-me! Por que não está feliz?! Não era seu sonho ser minha esposa?

– Sim, Heitor! Mas infelizmente não posso mais me casar com você – Clarice falou com seu olhar ainda transmitindo amor por Heitor.

– Não pode mais se casar comigo?!! – Heitor parecia estar entrando em desespero. – Mas por que tomou essa decisão?!! Você sempre disse que queria ser minha esposa!! Eu a respeitei!! Não toquei em você para que pudesse se casar pura!! Agora me diz que não quer se casar comigo?!... Por que está dizendo isso, Clarice?!! – a tensão de Heitor só aumentava.

– Acalme-se, Heitor! Por favor!

– Por acaso meu pai a procurou?!! Obrigou-a a se distanciar de mim?!! – Heitor já falava de forma séria. Um sentimento ruim começava a dominá-lo.

– Aclame-se, Heitor, por favor! – Clarice estava com medo.

– Então responda!!! – Heitor gritou. – Por que está dizendo que não pode se casar comigo?!!!

– Aclame-se, por favor, Heitor! Estou ficando com medo!

– Há outro homem em sua vida?!!

Clarice nada respondeu.

– Responda, Clarice!!! – Heitor gritou. – Apaixonou-se por outro?!!!

Clarice ainda chorava, não sabia como dizer a verdade. Seu medo era de que algo de ruim acontecesse, tanto para ela como para a família de Heitor.

Pouco tempo depois, certa de que não mais poderiam ficar juntos, Clarice resolveu dar uma resposta para a pergunta que Heitor fizera.

– Sim, Heitor... Me apaixonei por outro homem! – respondeu cabisbaixa.

Heitor ficou em silêncio, não sabia o que dizer, mas por dentro o ódio parecia o corroer.

Clarice ainda estava cabisbaixa, mas, assim que ergueu sua cabeça, Heitor desferiu um tapa em sua face.

– Maldita!!! – gritou. – Bem que meu pai disse que não estava longe de ser uma meretriz!!! Por que não me disse antes?!!! Preferiu iludir-me a dizer a verdade?!!! – Heitor parecia ser outro. Um ser dominado pelo ódio.

Ele continuou a indagá-la de forma estúpida. – Vamos!!! Diga porque fez isso, Clarice?!!! Sabe o quanto batalhei para ter um futuro ao seu lado?!!! Você me fez passar por cima das ordens de meu pai!!! Fiz isso pensando em nosso futuro, para chegar aqui e ouvir que tem outro homem em sua vida?!!! – Heitor gritava. – Por que fez isso?!!! – e desferiu outro tapa na face de Clarice.

As agressões e ofensas pareciam que não teriam fim e, percebendo isso, o mensageiro interferiu:

– Senhor! Creio que isso não seja bom para vossa excelência. Essa moça pode denunciá-lo! Vou levá-la de volta até sua casa.

– Não!!! Não vou permitir que essa meretriz seja acompanhada até sua casa!!

– Mas já é tarde, senhor! Ela pode ser atacada!

– Se isso tiver de acontecer, que aconteça!! Mulheres como ela merecem muito mais!!

– Em seguida, Heitor se dirigiu a Clarice. – Vamos!! Desça agora, maldita meretriz!!

Clarice estava visivelmente abatida pelas humilhações, chegou a pensar em dizer outras coisas, mas, mesmo que dissesse, sabia que outros poderiam sofrer. E, para poupar a esses, Clarice levantou-se para sair da carruagem, mas, antes, iria dizer algo para Heitor:

– Espero que reflita em tudo o que disse, Heitor. Não sou uma meretriz! Nunca fui mulher de homem algum!... Só tomei essa decisão pensando em nós mesmos.

Heitor olhou fixamente para os olhos de Clarice. Ela achou que ele iria se desculpar por tudo o que havia dito, mas estava enganada.

– Se realmente tivesse pensado em nós, não teria tomado essa decisão!... Vá embora, antes que eu acabe por ofendê-la ainda mais, sua maldita meretriz! – Heitor falou com ar de entojo.

Passou-se aproximadamente um ano e, durante esse tempo, Heitor não tocava no nome de Clarice. Seus pais por sua vez também não o questionavam, pois Heitor fora claro no dia em que voltou de seu último encontro com ela:

– Não quero mais falar sobre aquela maldita mulher!

Os tempos foram passando e, mesmo tentando esquecer Clarice, Heitor não conseguia. Seus pensamentos não estavam ligados a amor, mas, sim, a ódio... Heitor não conseguia entender os motivos que fizeram com que Clarice tomasse a decisão de ter outro homem em sua vida.

Esses pensamentos alimentavam ainda mais seu ódio e, em razão disso, Heitor estava prestes a se transformar em um homem totalmente inverso do que fora durante toda sua vida.

Corrompido pelo Desamor

Mais um ano passou, Heitor já não era mais o mesmo homem. Mesmo sendo incentivado por seus pais a ir em busca de um novo amor, ele não o fazia, estava decidido, não queria sofrer outra desilusão. Ainda era um homem respeitoso, mas somente com sua família. Isso mesmo. Depois de tudo o que aconteceu, Heitor só agia de forma justa com seus pais; com outros, era soberbo; em julgamentos, já não agia de forma justa.

O tempo passava, entre um julgamento e outro, Heitor continuava a agir de forma desenfreada. Seu ódio por Clarice não havia cessado, pelo contrário, a cada vez em que pensava em tudo o que havia acontecido sentia-se um tolo, e isso apenas fazia com que seu ódio aumentasse.

Mas Heitor não se deu por vencido. Mesmo tendo passado aproximadamente dois anos, sentia que podia mudar os pensamentos de Clarice, mesmo que estivesse casada... Sentia que poderia reconquistá-la.

Decidido, Heitor se dirigiu até o local onde Clarice morava e, para não causar problemas caso estivesse casada, instruiu seu mensageiro:

– E não se esqueça! Caso seja o companheiro de Clarice que atenda, diga que ela está sendo intimada para ser testemunha de algo que aconteceu há algum tempo e o juiz precisa interrogá-la. Não deixe que ele venha junto! Diga que são ordens do juiz!

– Claro, senhor. Farei da forma como está pedindo.

Heitor ficou na carruagem, bem distante da casa. Ali esperava ansioso pelo reencontro com Clarice. Arrependido, iria pedir desculpas por tudo o que havia dito e que, durante esses anos, não a esquecera... Mas Heitor não conseguiria se desculpar com Clarice.

Minutos depois, o mensageiro voltou para carruagem.

– Conseguiu dar o recado? – perguntou Heitor.

– Não, senhor. Clarice não mora mais nesta casa. Um senhor atendeu e disse que os antigos moradores se mudaram há aproximadamente dois anos.

Heitor parecia não acreditar. Ele desceu e foi até a casa de Clarice, mas teve a mesma resposta que ouvira minutos atrás.

– E o senhor não sabe para onde foram? Precisamos que ela testemunhe algo que aconteceu! – era Heitor quem perguntava ao morador.

– Não sei para onde foram, senhor juiz. A única coisa que ouvi logo que vim para cá é que um homem comprou uma casa em uma pequena vila, e todos se mudaram para lá.

– E sabe me dizer qual a localização da casa?

– Não, senhor juiz!

– Tem certeza? – Heitor parecia estar desconfiado.

– Sim.

Heitor agradeceu e voltou rapidamente para junto de seu mensageiro.

– Vou necessitar de sua ajuda. Preciso que interrogue as pessoas que moram nesta vila. Alguém há de saber para onde Clarice foi. Faria isso por mim?

– Claro, senhor! – respondeu o mensageiro. – Mas por que não a esquece? Vejo que está sofrendo por algo que não irá acontecer.

– Não consigo esquecê-la! Sinto que ainda podemos ficar juntos.

No dia seguinte, o mensageiro estava prestes a ir à procura de Clarice.

– E não se esqueça! Interrogue as pessoas da vila onde Clarice morava! Procure pelos arredores! Caso a encontre junto a seu companheiro, já sabe o que deve dizer. Se assim fizer, ele não irá se preocupar.

O mensageiro partiu à procura de Clarice. Interrogou alguns dos que moravam na pequena vila e em vilas vizinhas, mas tudo foi em vão.

No fim da tarde, o mensageiro foi até a casa onde Heitor morava.

– Não consegui encontrá-la, senhor. Procurei em duas vilas vizinhas. Nenhum sinal dela!

– Perguntou para o morador da casa onde Clarice morava? – Heitor já pensava em algo que podia dar certo.

– Não, senhor – respondeu o mensageiro.

– Espere-me aqui!

Heitor foi até seu quarto, em seguida voltou com uma bolsa. Nela havia alguns valores.

– Creio que isso possa nos ajudar. Vá até a antiga casa de Clarice. Entregue parte desses ao morador caso sinta que possa nos ajudar. Se não conseguir informações que nos ajudem, suborne outros!

– Senhor!... Está certo do que está pedindo? Quer que eu suborne aquelas pessoas? – o mensageiro parecia não acreditar.

– Sim!! – respondeu Heitor em um tom meio alto. – Alguma objeção?!!

– Não, senhor – respondeu o mensageiro não acreditando no que Heitor acabara de pedir.

– Pois, então, vá!

Heitor sabia o que estava fazendo. Certamente, algumas daquelas pessoas não rejeitariam uma boa quantia em troca de uma simples informação... E foi o que aconteceu.

Algumas horas depois, o mensageiro voltou à casa de Heitor.

– Senhor, consegui a localização da casa onde Clarice mora. É em uma vila vizinha daquela em que morava!

– Ótimo trabalho! Amanhã iremos até lá! Quando chegarmos, dirá o que combinamos.

O mensageiro entregou o restante dos valores a Heitor.

– Isso é o que sobrou da propina, senhor! – e balançou a cabeça de forma negativa olhando para Heitor.

Mas Heitor não estava preocupado.

No dia seguinte, o mensageiro levou Heitor até o local.

– Aquela é casa, senhor! – disse o mensageiro.

– Vá! Caso seu companheiro apareça, diga o que combinamos!

Alguns minutos depois, o mensageiro voltou. Ao seu lado estava Clarice.

Assim que entrou na carruagem, Clarice indagou Heitor:

– O que faz aqui, Heitor?!

– Olá, Clarice! – Heitor tinha seus olhos banhados em lágrimas. – Preciso falar com você, mas, antes, queria dizer que estou arrependido!... Desculpe-me por agredi-la e por chamá-la de meretriz.

– Sei que estava nervoso quando disse aquilo. Fique tranquilo. Não carrego mágoas pelo que aconteceu... Além disso, ninguém melhor do que eu para saber que nunca fui uma meretriz – Clarice falou sorrindo. Seu olhar ainda transmitia amor por Heitor.

– Você está linda, Clarice! – Heitor estava pasmo com a presença da mulher por quem se apaixonara.

– Obrigada, Heitor! Mas peço que vá embora, por favor! Não quero ser vista com outro homem. Isso não é bom para uma mulher casada.

– Você realmente se casou?! – perguntou Heitor. Sua feição já mudara.

– Sim, Heitor! Mas, se aceitar, podemos ser amigos – Clarice falou com um lindo sorriso.

– Como ser amigo de uma pessoa que sempre amei?!! – Heitor perguntou em alto tom.

– Acalme-se, Heitor! Vai acabar agredindo-me se continuar em fúria!

Heitor conseguiu acalmar-se por um tempo. Em seguida, dirigiu-se a Clarice...

– Desculpe-me, Clarice! Mas não me vejo sendo seu amigo! Preciso de você ao meu lado!... Quero que seja a mãe dos meus filhos!... Ainda sente amor por mim? Se disser que sim, darei um jeito para fugirmos!

Clarice tinha seus olhos banhados em lágrimas, chorava por saber que, mesmo que quisesse, não poderia casar-se com Heitor, mas ainda o amava.

Heitor ainda chorava e, naquele momento, Clarice acariciou seu rosto...

– Eu também o amo, Heitor! Mas é um amor diferente!

Heitor fez cara de não entender o que ouvira...

– Como assim amor diferente, Clarice?!! – sua fúria parecia estar voltando.

– Heitor, mesmo que eu quisesse, não poderia me casar com você. Confie em mim! Se pudesse, diria toda a verdade. Mas não posso pensar apenas em mim!

– Do que você está falando?!!

Percebendo que Heitor estava quase em fúria, Clarice resolveu colocar um ponto final naquela situação irreversível.

– Acredite em mim, Heitor, o melhor é que fiquemos afastados um do outro, pois vejo que nem amigos podemos ser.

Naquele momento, Heitor lembrou que seu pai havia dito que nem amigo de Clarice ele podia ser.

"Só pode ser isso. Meu pai realmente sabe que ela foi uma meretriz. Ele a procurou e a obrigou a se afastar de mim", pensou.

– Por que está dizendo isso, Clarice?! Se teve um passado como uma meretriz como outras mulheres de onde morava e meu pai sabe, eu não me importo! Quero-a como minha esposa mesmo assim! – Heitor parecia estar triste.

Clarice ainda chorava, pensava em dizer a verdade, mas sabia que, além de Heitor, outros poderiam sofrer.

– Heitor, se eu pudesse, teria me casado com você... Mas não posso! Por favor, entenda! Se me ama mesmo, esqueça isso! Será melhor, tanto para nós como para seus pais!

– Por acaso meu pai a ameaçou para que mudasse de decisão?! – Heitor já não estava triste. Sua feição começava a transmitir ódio.

– Por que não procura a mulher ideal para você? Tenho certeza de que será muito feliz.

– Responda minha pergunta, Clarice!!! – Heitor gritou. – Meu pai a ameaçou?!!

– Não, Heitor!!

– Então por que não se casou comigo?!!! – Heitor continuava gritando.

– Chega, Heitor!! Eu vou embora!... Antes que acabe por ser agredida! – disse Clarice e saiu da carruagem.

Heitor era puro ódio. Sua vontade era de fazer algo para que Clarice se arrependesse de sua decisão. Ele se conteve, somente naquele momento, mas iria deixá-la ciente de algo.

Clarice estava caminhando em direção à sua casa, quando Heitor a chamou:

– Clarice!... Você fez sua escolha!... Reze para que não se arrependa!

Heitor voltou para sua casa; lá, tentava entender por que Clarice estava tão decidida... "Será que ela tem vergonha por meu pai saber do seu passado como uma meretriz? Será que tinha vergonha de se casar comigo pelo fato de minha família ser bem-sucedida e outros acharem que ela era uma aproveitadora?", pensou.

Heitor carregou esses pensamentos por muito tempo e, a cada pensamento negativo, mais o ódio o consumia. Por isso Heitor estava prestes a planejar um ato insano, mesmo sabendo que poderia ser cobrado pela lei dos homens, mas estava decidido no que iria fazer.

"Existem algumas coisas que não precisamos entender, ainda mais quando elas nos deixam em desequilíbrio. Pois existe uma linha muito tênue entre o amor e o ódio e, se estivermos do lado errado, precisamos pedir ao nosso Ser Supremo que nos guie de volta para linha do amor. Se permanecermos na linha do ódio, criaremos nosso próprio mundo e, neste, estaremos propensos a cometer atos que jamais imaginaríamos ser capazes de fazer." (Palavras do Preto-Velho Pai Barnabé)

No caso de Heitor, seria difícil voltar... Ele havia criado uma enorme barreira entre o amor e o ódio.

O Réu Executor

Passou-se aproximadamente um ano. Heitor continuava julgando da mesma forma, não conseguia voltar a ser um juiz justo. Ainda condenava à morte pessoas inocentes em troca dos prazeres da vida, principalmente com mulheres.

Em um de seus julgamentos, Heitor estava prestes a sentenciar um réu que havia cometido atos imperdoáveis, mas, antes de julgá-lo, iria ouvir a população, para depois dar a sentença. Fato era que todos iriam pedir pela morte do réu, mas ele não seria sentenciado. Naquele dia, algo estava a ponto de acontecer para salvá-lo de sua possível morte.

No dia de seu julgamento, o réu estava em uma carroça onde os condenados eram transportados. Ele seguia para receber sua sentença, porém antes mesmo de chegar, os soldados que o levavam foram surpreendidos por cerca de dez homens que estavam escondidos em meio às matas.

Assim que avistaram a carroça, os dez homens saíram das matas e se posicionaram diante dela. Todos estavam armados. Um deles disparou contra o soldado que guiava.

– Pare agora ou mataremos todos vocês!!! – gritou ele.

Eram apenas três soldados, mesmo assim tentaram se defender. Foi em vão, pois os outros estavam muito bem armados, e o final não poderia ser outro... Dois dos soldados morreram antes mesmo que pudessem reagir e um deles conseguiu fugir.

– Vamos!!! Resgatem-no!!! – gritou um dos homens.

Um deles pegou as chaves de um dos saldados mortos. Todos subiram na carroça e saíram em disparada, levando o réu para um esconderijo, sem que o mesmo soubesse o que acontecia.

O soldado que conseguiu fugir chegou ofegante ao local onde Heitor esperava para ouvir o que a população tinha a dizer sobre o réu, para depois dar a sentença.

– Senhor!!! Senhor!!! – era o soldado que havia fugido quem se dirigia a Heitor. Ele falava de forma desesperada. – Fomos atacados por criminosos!! Eram muitos!! Eles dispararam contra nós!!

– Onde está o réu?!! – indagou Heitor.

– Acho que eles o levaram, meritíssimo!! Estávamos na estrada em meio às matas, quando fomos surpreendidos por vários deles!! Tentamos revidar, mas eram muitos!! Todos estavam armados!!

Heitor levantou-se e ordenou aos outros:

– Vão à procura do réu!! Vasculhem entre as matas!! Com certeza foram para lá tentando fugir!!... Vão!!! – Heitor dava a entender estar furioso com tal acontecimento.

Os soldados se dirigiram para as matas à procura do réu, mas não iriam encontrá-lo... Ele ainda estava no esconderijo com os que o resgataram.

– O que querem de mim?! – era o réu quem perguntava aos que o resgataram. Ele estava apavorado, amarrado e jogado ao chão.

– Cale essa boca, miserável, antes que eu mesmo o faça! – ordenou um dos homens.

O réu ficou calado, não sabia o que estava acontecendo, mas não iria demorar para que descobrisse.

Algum tempo depois, um homem entrou no esconderijo e se dirigiu aos que haviam resgatado o réu...

– Ótimo trabalho, senhores!

– Fizemos nossa parte! Agora, cumpra com sua palavra! – falou um deles.

– Aqui está o que prometi – ele deu uma bolsa cheia de valores a um dos homens. – Sou um juiz! Tenho de cumprir com minha palavra!

Sim, era Heitor quem falava... Ele havia planejado o resgate daquele réu.

– Agora vão! Logo que ele fizer a parte dele, darei a outra metade a vocês!

Assim que aqueles homens saíram, Heitor se dirigiu ao réu...

– Pelo visto, parece que não sabe o que está acontecendo, não é mesmo?

– O que você quer?! Por que pagou para que me resgatassem?! – perguntou o réu desconfiado.

– Porque preciso de um favor! E tenho certeza de que você poderá fazer!

O réu olhou com cara de não estar entendendo nada.

– Do que está falando?!

Heitor disse o que havia planejado. Se o companheiro de Clarice estivesse morto, suas chances de se casar com ela talvez fossem maiores. Por isso planejou aquele resgate.

– E por que não pediu para os que resgataram a mim?!... Acredito que aceitariam, não? – perguntou o réu.

– Não aceitariam! Se fizessem, teriam de fugir da cidade para não serem julgados e mortos! Já, você, sabe que não escapará da morte, a menos que fuja e não seja encontrado ou perdoado por seus erros!... Sua primeira opção pode ser fracassada, pois com certeza meus homens irão encontrá-lo caso fuja! Agora, sua segunda opção dependerá de um juiz aceitar seu pedido de clemência! – E, após um pequeno silêncio, Heitor concluiu: – A escolha é sua!

Heitor sabia muito bem o que estava fazendo. Os crimes que aquele homem cometera foram tão insanos que, com certeza, toda população iria pedir por sua morte.

Como estava tendo uma chance de permanecer vivo e não via outra saída, o réu não teve escolha. Faria qualquer coisa em troca de sua vida.

– Terei garantia de vida? – perguntou o réu.

– Depende. Caso consiga fugir, talvez sim... Isso se a população não o encontrar primeiro que meus homens! Se isso acontecer, farão justiça com as próprias mãos!... Mas tenho uma ideia para que sobreviva.

– Qual?

– Depois de fazer o serviço, será pego por um dos meus homens. Ele saberá o que fazer. Ficará preso até o dia do seu julgamento. Nesse dia, você irá pedir por clemência. As pessoas não irão aceitar, mas tentarei fazer com que aceitem.

– Isso é impossível! É claro que não vão aceitar meu pedido de clemência! Não vou carregar mais uma vida em minhas costas sem ao menos ter a certeza de que ficarei vivo!

– Eu, em seu lugar, se tivesse uma chance de ficar vivo, não mediria esforços!... Mas não posso decidir por você! E, já que não aceitou minha proposta, terei de seguir conforme a lei!... Amanhã mesmo darei sua sentença de morte! – afirmou Heitor e começou a caminhar para sair do esconderijo.

Heitor sabia que aquele homem estava desesperado por saber que iria morrer, por isso disse aquelas palavras. Fora de caso pensado, queria amedrontá-lo... E foi o que aconteceu.

– Espere!! – era o réu quem se dirigia a Heitor. – Tenho sua palavra que aceitará meu pedido de clemência?

– Farei o que for possível!

Não havia outra saída. Com uma esperança de vida, o réu aceitou a proposta.

– Mostre-me quem é o homem.

Heitor chamou seu mensageiro e ordenou:

– Prenda-o na carruagem!

O mensageiro fez como ordenado, em seguida se dirigiu a Heitor:

– Senhor! Está certo do que está fazendo? Vai deixar esse homem tirar a vida de outro por causa de uma mulher? Se alguém descobrir que o senhor é o mandante, não tenho dúvidas de que terá problemas!

– Não me importo com mais nada! Se Clarice não pode ser minha esposa, ninguém a terá como tal!

– Senhor...

– Já estou decidido! – disse Heitor interrompendo o mensageiro. – Agora guie!

Eles seguiram para o destino. Quando estavam próximo à casa de Clarice, Heitor ordenou que a carruagem não parasse e de dentro mesmo mostrou para o réu qual era a casa.

– Ali mora Clarice e seu companheiro! Talvez sua mãe more lá também. Não invada a casa! Quando souber quem é seu companheiro, mate-o!

Eles saíram do local e voltaram para o esconderijo onde o réu permanecera quando fora resgatado e, antes de ir embora, Heitor o preveniu.

– Eu em seu lugar não tentaria fugir! Alguns dos homens que o resgataram estarão vigiando este local, além de seus passos, também!... Se tentar fugir, será morto!

Sem muita alternativa, o réu ficou por alguns dias próximo à casa de Clarice, escondido, vigiando seus passos e, durante esses dias, viu que dois homens frequentavam a casa e começou a ficar desconfiado, mas logo descobriu que um dos homens era o companheiro de Clarice. Percebeu também que, às vezes, Clarice e seu companheiro saíam e iam ao encontro do mesmo homem que entrava na casa. Juntos, os três ficavam próximos a um pequeno vale.

Um dia antes de executar o plano, o réu foi ao encontro de Heitor. Ele deu alguns detalhes sobre o dia a dia de Clarice.

– Pelo menos duas vezes na semana ela sai com seu companheiro para ir a um vale. Lá, ela se encontra com outro homem! É o mesmo que entra no casa dela, mesmo quando seu companheiro não está!

"Meu pai estava certo!... Maldita meretriz!", pensou Heitor.

– Está certo do que está dizendo? – perguntou ao réu.

– Claro que estou! Teria razão para mentir?!

– Tem razão... Então siga com o plano!... Mate aquele miserável! – ordenou Heitor.

No dia seguinte, o réu avistou Clarice saindo de sua casa com seu companheiro. Esse seria o dia da execução. Heitor estaria esperando-o no esconderijo.

Muito bem disfarçado, o réu seguiu Clarice e seu companheiro. Eles foram em direção ao vale que ficava próximo à casa.

Ali, eles ficaram durante algumas horas e, algum tempo depois, o réu avistou a chegada do outro homem que havia visto entrando na casa de Clarice. Ao ver que ela abraçava os dois de forma afetiva, o que era dúvida se tornou realidade para o réu.... Sim. O réu também teve a certeza de que Clarice realmente era uma meretriz.

Pouco tempo depois da chegada do outro homem, o réu aproximou-se dos três e direcionou sua arma...

– Afaste-se dele!! – o réu ordenou a Clarice para que ela se afastasse de seu companheiro.

– Acalme-se, meu amigo! – pediu o outro homem. – Se quiser, pode levar meus bens! Tenho valores em minha bolsa! Pode levar tudo! Mas abaixe sua arma, por favor!

– Cale a boca se não quiser morrer no lugar dele! – disse o réu apontando a arma para o homem que pedia calma.

– O que quer de nós?!! – era o companheiro de Clarice quem perguntava de forma desesperada. – Nós lhe daremos o que quiser, mas abaixe sua arma, por favor!!

– Cale a boca e afaste-se dela! – ordenou ao companheiro de Clarice.

– Por favor! Poupe nossas vidas! Peço em nome de Deus! – era Clarice quem implorava. – Estou grávida! Não posso ficar nervosa!... Por favor! Deixe-nos ir!

– Está grávida de um desses dois ou de algum outro homem?!... Sua meretriz! – disse o réu olhando para Clarice.

Clarice ficou sem entender o que ouvira. Sua feição mostrava isso.

Naquele momento, o réu direcionou sua arma contra o alvo. Ele estava prestes a ceifar a vida do companheiro de Clarice, a qual, em um ato de desespero, tentou defendê-lo e em razão disso, foi atingida pelo primeiro disparo.

– Seu maldito!!! – gritou o outro homem e lançou-se contra o réu. – Vou acabar com sua vida, seu assassino!!!

Mesmo entrando em luta contra o réu, ele não conseguiu fazer muito. O réu fora mais rápido. Pegou uma faca que estava em sua cinta e cravou no peito daquele homem, levando-o à morte.

O companheiro de Clarice estava de joelhos, tinha-a em seus braços e clamava por sua vida.

– Não morra, Clarice, por favor!! – ele implorava, chorava, mas de nada adiantou... Nos braços de seu companheiro, Clarice também deixou a vida na carne.

O companheiro de Clarice se levantou. Era nítida sua fúria.

– Eu vou te matar, seu maldito assassino!!! – e lançou-se contra o réu pegando uma das armas que estava em sua cinta.

Os dois entraram em luta. O companheiro de Clarice queria a qualquer custo vingar as mortes e, entre um disparo e outro, mais uma vida deixou a carne... O companheiro de Clarice também estava morto.

Em seguida, o réu fugiu e seguiu para o esconderijo combinado com Heitor. Ele já o esperava.

– Já está feito! – disse o réu.

Heitor estava em silêncio, em seu íntimo sentia que havia errado. Por um amor não correspondido, deixou-se cegar, ficou obcecado.

Heitor pensava: "Mais três vidas inocentes ceifadas! E por minha culpa!" Pensava nas vidas dos dois soldados que morreram pelo plano que havia armado para resgatar o réu e na vida do companheiro de Clarice.

Sim, o arrependimento parecia tomar conta de Heitor, mas não havia mais o que ser feito, assim ele sentia.

O que Heitor não sabia é que não apenas os dois soldados e o companheiro de Clarice estavam mortos. Achou que eram apenas três vidas, mas, horas depois, ele descobriria que, além de seu companheiro, Clarice e outro homem também estavam mortos.

Conforme haviam combinado, o réu foi preso. Ele iria aguardar seu julgamento e esperava que Heitor aceitasse seu pedido de clemência... Porém, algo estava prestes a vir à tona e isso faria com que houvesse mudanças nos planos. Quando Heitor descobrisse que Clarice estava morta, seu mundo deixaria de existir... Pior do que isso... Heitor jamais imaginaria que seu plano tiraria a vida de alguém que sempre esteve ao seu lado.

O Resultado de uma Decisão Impensada

Noite daquela triste tragédia. Heitor estava em sua casa, mais precisamente em seu quarto, quando sua mãe foi ao seu encontro.

– Estou preocupada, meu filho, seu pai ainda não chegou!

– Ele deve estar negociando alguma venda. Não se preocupe, minha mãe.

– Mas ele não disse nada sobre, Heitor! Quando sai para seus negócios e sabe que vai demorar, sempre nos deixa cientes!

– Vamos esperar um pouco. Caso não apareça, irei com meus homens à sua procura.

Heitor ficou sozinho em seu quarto. Tentava encontrar uma forma de esquecer o que havia acontecido, desejava estar dormindo e, ao acordar, ver que tudo não passara de um sonho... Mas era inútil.

Passaram-se aproximadamente quatro horas. Seu desespero só aumentava, mas ficaria pior, pois sua mãe recebeu alguém em sua casa e, ao ouvir o recado, sem demora foi ao encontro de Heitor.

– Heitor! O mensageiro está lá fora, meu filho! Ele o espera! – a mãe de Heitor dava sinais de sentir o que havia acontecido.

Heitor achou estranha aquela visita repentina, mas mesmo assim levantou-se para ir ao encontro do mensageiro.

– Filho, acho que ele veio trazer algum recado sobre seu pai!... Eu sinto isso! – disse a mãe de Heitor com lágrimas em seus olhos.

– Acalme-se, minha mãe! Meu pai está bem! Acredito que o mensageiro veio trazer outro recado.

Heitor foi ao encontro do mensageiro e o indagou:

– Aconteceu alguma coisa?!

– Sim, senhor!... Podemos falar a sós?

Eles foram para um local distante da mãe de Heitor.

– Não trago boas notícias, senhor... Seu pai foi assassinado!

– Meu pai?!!! – Heitor parecia não acreditar. – Mas o que aconteceu?!!

– Pelo que informaram, foi em um pequeno vale. Parece que alguém tentou roubá-lo. Além dele, encontraram mais duas pessoas mortas ao seu lado!

– Vamos! Leve-me até o local!!

Assim que chegaram, Heitor viu que os corpos não estavam mais no local, mas recebeu informações de onde estavam. Ao chegar lá, deparou-se com uma cena horrível... Clarice estava morta, ao seu lado estava seu companheiro e, entre os dois, estava seu pai.

Heitor entrou em desespero. Alguns dos que estavam próximos tentaram acalmá-lo, mas em vão, ele estava descontrolado.

Pouco tempo depois, Heitor lembrou-se do que havia planejado e não teve dúvidas quanto ao que acontecera.

Ele ordenou para que os que ali estavam cuidassem dos corpos e, com o mensageiro, foi para o local onde os réus ficavam presos.

– Abra essa cela!!! – Heitor ordenou aos gritos a um soldado que vigiava os réus. – Deixe-nos sozinhos!!!

Heitor ficou sozinho junto ao réu. Ele foi em sua direção e o golpeou.

– O que você fez, seu maldito!!!... Por que os matou?!!!

O réu chegou a pensar que Heitor estava agindo daquela forma para que ninguém soubesse que ele fora o mandante, mas, assim que olhou e não viu ninguém por perto, teve a certeza de que Heitor estava em fúria.

– Não era o combinado?! – perguntou o réu. Ele estava jogado ao chão. – Você disse para matar aquele homem!

Heitor novamente foi em sua direção, ajoelhou-se e pegou em seu pescoço...

– Era para você ter tirado a vida apenas do maldito marido!!! Não de Clarice!!! – gritou.

– Mas ela entrou na frente! Quando percebi já era tarde! – afirmou o réu meio sem voz.

Heitor o soltou por alguns segundos, estava estagnado, ainda não conseguia acreditar.

O réu ainda estava jogado ao chão e, de forma fria, disse a Heitor:

– Não sei por que está preocupado com ela! Aquela mulher era uma meretriz! Eu disse ao senhor que ela se encontrava com outro homem! O senhor deveria estar feliz! Se tivesse se casado com ela, a esta altura seu nome já estaria sendo difamado pela boca de outros! Além disso, ela já estava grávida! Não soube nem responder quem era o pai! Se era o marido ou o velho que estava ao lado!

Ao ouvir isso, a fúria de Heitor aumentou. Seus punhos estavam cerrados e, de forma descontrolada, voltou a golpear o réu.

– Aquele velho era meu pai, seu maldito!!!

Heitor continuou a golpeá-lo, sua fúria era tanta que, caso o mensageiro não apartasse, talvez o réu seria morto ali mesmo.

– Acalme-se, senhor! – pediu o mensageiro puxando Heitor.

– Solte-me!!! – gritou Heitor. – Esse maldito matou meu pai!!!

O mensageiro chamou um soldado que estava próximo e ordenou que o réu fosse levado para outro lugar.

– Por que cometeu essa loucura, senhor? – era o mensageiro quem se dirigia a Heitor. – Eu tentei alertá-lo, mas o senhor não deu ouvidos!

Heitor estava pasmo. Ao mesmo tempo em que pensava tirar a vida do réu, pensava no terrível resultado de seu plano. Qualquer coisa que fizesse não traria seu pai e Clarice de volta à vida, assim pensou. Mas o que mais perturbava seu mental era saber que ele fora o culpado e não sabia como iria contar a sua mãe.

Algum tempo depois, o mensageiro ainda continuava a tentar acalmar Heitor.

– Não adianta fazer justiça com as próprias mãos, senhor! Tem um cargo e nome a zelar!

Mas Heitor já estava decidido.

– Posso não fazer justiça com minhas mãos, mas sou um juiz!... Posso condenar aquele maldito à morte!!

Dias depois, o réu fora julgado. Temendo que dissesse alguma coisa que pudesse colocá-lo em má situação, Heitor ordenou que o mesmo permanecesse calado e, ao final, deu sua sentença:

– Além dos crimes cometidos antes de ser resgatado por cerca de dez criminosos aqui já relatados, o réu ceifou mais três vidas!... Dois homens e uma mulher, sendo que esta guardava em seu ventre uma criança!... Sendo assim, pelo poder em mim investido, declaro o réu culpado!... O mesmo será levado à forca e por ela será morto!

No dia em que o réu seria morto, Heitor estava próximo. Seu desejo era vê-lo implorando por sua vida, queria sentir o gosto da vingança pelas mortes de Clarice e de seu pai... Mas isso não iria acontecer.

Minutos antes de sua morte, o réu olhava fixamente para Heitor. Havia muitas pessoas ali, mas para ele apenas Heitor parecia estar presente. A corda em volta de seu pescoço parecia não o incomodar, muito menos suas mãos amarradas para trás. Seu olhar transmitia ódio, passava a impressão de estar indo ao encontro da morte por culpa do juiz ali presente.

Se Heitor tivesse cumprido com suas palavras, talvez seu destino e o do próprio réu poderiam ter sido diferentes... Mas cada um deles fez sua escolha e, se temos o direito de escolher nossos caminhos, temos de arcar com possíveis consequências futuras.

E assim concretizou-se a sentença de Heitor. Em meio às pessoas que ali estavam, o carrasco fez com que o réu fosse enforcado Mas, antes de fechar seus olhos, o réu, agonizando de forma silenciosa, e com feição de ódio, conseguiu olhar para o juiz... Aquele olhar ficou preso no metal de Heitor durante anos.

Arrependimento Tardio

Passaram-se alguns dias, durante os quais Heitor era atormentado pelo próprio mental. Os erros que cometera pareciam não sair de sua mente. Às vezes, Heitor tinha a sensação de que os inocentes que foram levados à morte por suas ordens pareciam persegui-lo; a morte de Clarice, a de seu companheiro e de tantos outros faziam parte de seus sonhos, e isso parecia consumir sua alma a cada dia. Mas o que mais o perturbava e o levava a pensar em coisas insanas era saber que seu pai poderia estar vivo. Além disso, não sabia como contar a verdade à sua mãe, o que o torturava a todo instante.

Passavam-se os tempos, Heitor não conseguia de forma alguma esquecer o que havia acontecido. Anos depois, tudo ainda fazia parte de seu presente, os erros não saíam de seu mental. Desde que tudo acontecera até o fim de sua vida na carne, algo ou alguém parecia querer direcionar seus pensamentos não para pensar coisas boas, mas, sim, para que continuasse se martirizando por tudo o que havia feito.

Heitor estava completamente atordoado. A cada dia sua alma parecia corroer-se mais e mais, a ponto de pensar em tirar sua própria vida. E, para que isso não acontecesse, Heitor precisava dizer a verdade a alguém.

Heitor foi até uma igreja próxima de sua casa. Ao adentrar foi direto para o confessionário... Ele iria se confessar com o padre.

– A vossa bênção, padre.

– Abençoado seja, Heitor!... Veio se confessar, filho?

– Sim, padre.

– Fique à vontade! A igreja está vazia. Leve o tempo que for necessário.

Heitor disse toda a verdade ao padre. Seu amor por Clarice, o fato de o pai não aceitar tal relação, suas conversas, a mudança repentina de Clarice em não querer se casar, os réus que foram levados à morte mesmo sendo inocentes, a morte de Clarice, de seu companheiro e de seu pai. Foram quase duas horas de conversa. Heitor assumiu tudo e, ao final, o padre parecia não acreditar, mas mesmo assim dialogou:

– Que Deus tenha piedade de sua alma, filho! – disse o padre fazendo o sinal da cruz. Ele parecia estar assustado.

– Não terá, padre! Sinto que minha estrada para o inferno já está trilhada!

– Não deseje isso a você, filho!... Cometeu erros?... Sim! Mas não deseje estar em um lugar onde Deus não pode olhar por você!.. Deixe que seus atos sejam julgados por Ele!

– O senhor não tem ideia de quantas pessoas condenei à morte, padre! Tornei-me um assassino, um homem sórdido!... Tudo em troca de propinas e noites de prazeres com mulheres!... Tem ideia de quanto isso vem me atormentando durante esses últimos anos?

– Posso imaginar, filho. Mesmo assim, ainda acho que não deve se martirizar, afinal já está feito e não tem como voltar atrás... Já pediu o perdão de Deus. Agora deixe que Ele faça sua justiça!

Heitor estava cabisbaixo e chorava.

– E tudo isso por causa de um amor não correspondido – lamentou a si mesmo.

O padre ficou em silêncio, parecia refletir em toda a confissão de Heitor; dava a entender saber dos motivos de seu pai ter intervindo naquela relação.

– Heitor, seu pai disse os motivos pelos quais não queria que se casasse com Clarice?

– Não de forma exata, padre. Ele parecia esconder algo, mas acho que sei o motivo.... Clarice era uma meretriz!

– Tem certeza do que está afirmando?! – perguntou o padre. Parecia estar desconfiado de algo.

– Bem, não tenho certeza, mas onde ela morava havia muitas mulheres que vendiam seus corpos! Meu pai sabia disso! Ele deve ter visto Clarice em meio aos homens e acabou descobrindo que ela fazia o mesmo que as outras... Creio que ele estava certo, padre... Clarice mudou de ideia de forma repentina e acredito que o motivo era a vida que levava... Acho que tinha vergonha.

– Ela demonstrou isso?

– Não! Pelo contrário!... Clarice jurou que nunca foi tocada por um homem! E, realmente, ela demonstrava ter sua castidade!

O padre refletiu mais uma vez, parecia estar certo de que o pai de Heitor realmente escondia algo... O padre não estava errado. Mesmo assim, achou que não deveria dizer. Heitor já estava muito atordoado, poderia cometer uma loucura. E, por outro lado, mesmo que a verdade viesse à tona naquele momento, de nada adiantaria.

Percebendo que o padre estava pensativo, Heitor perguntou:

– Há algo de errado, padre? Por que está em silêncio?

– Só estou orando por você, filho! – omitiu.

Sim, ele também orava, mas ainda dava a entender saber dos motivos.

Eles continuaram conversando e, algum tempo depois, Heitor deixou a igreja.

Mais um tempo passou. Heitor já não era mais o mesmo, o cargo como juiz fora passado a outro, não conseguia fazer mais nada em sã consciência. Ficava apenas em sua casa, e, lá, embriagava-se. Foi a única forma que encontrou para não ser perturbado por tudo o que havia acontecido. Com o passar dos tempos, sua culpa aumentava ainda mais, cobrava-se, queria se livrar daquele tormento e, para isso, achou que a única forma seria fugindo de sua realidade. Se não estivesse mais em vida, todo sofrimento acabaria. Sim, foi desta forma que Heitor pensou por muito tempo, mas sabia que não teria coragem de cometer um ato tão insano.

Dependendo da situação em que estamos e se estivermos do lado oposto do amor, não é preciso que tenhamos coragem para cometermos atos insanos... Basta que vibremos de forma negativa, e essas vibrações poderão atrair aliados de forças negativas.

Vibrações Desconhecidas

Em um determinado dia, Heitor estava em sua casa, cabisbaixo, pensava em tudo o que havia acontecido, quando sua mãe se aproximou...

– Algum problema, meu filho? – perguntou sua mãe.

Heitor ficou em silêncio.

– Ainda sente falta de seu pai, não é mesmo?

Heitor permaneceu em silêncio. Não teve coragem de dizer a verdade.

Próxima a eles estava a governanta. Ela desconfiava do motivo pelo qual Heitor estava desesperado.

Sua mãe o abraçou.

– Não chore, meu filho. Precisamos ficar bem para que ele também fique. Já sofremos demais com sua ausência! Agora precisamos lembrar das coisas boas que ele fez por nós!

Heitor estava desorientado. Passaram-se anos e sua mãe não tinha ideia de que ele mesmo fora o mentor de tudo o que acontecera, e isso fazia com que se sentisse o pior ser.

Heitor olhou para sua mãe. Ele estava completamente desesperado.

– Perdoe-me, minha mãe!

– O que houve, meu filho?!... Perdoá-lo do quê?!

– Só diga que me perdoa! Por favor!! – pediu de joelhos.

– Heitor, meu filho! O que aconteceu?! Por que está desesperado?

Heitor chorava de forma descontrolada.

– Só diga isso, minha mãe! Por favor!

– Tudo bem, meu filho! Eu o perdoo!... Mas, sinceramente, não sei por qual motivo!

Heitor levantou-se rapidamente.

– Preciso ficar sozinho! Desculpe-me, minha mãe! – e foi em direção ao seu quarto.

– Tem alguma ideia de por que Heitor está assim? – perguntou a mãe de Heitor à governanta.

– Não, minha senhora. Mesmo que tivesse certeza, não caberia a mim dizer... Precisamos ter coragem para assumir nossos atos! Com sua licença, senhora – disse a governanta e saiu.

Naquela noite, Heitor tomou uma decisão. Não podia mais ficar ao lado de sua mãe sem que ela soubesse a verdade. Se tivesse coragem para dizer tudo o que havia acontecido, talvez seu sofrimento fosse menor. Então, resolveu sair para pensar em sua decisão.

Heitor pegou alguns pertences e umas bebidas, sozinho, guiou uma carruagem e foi para o lugar onde tudo havia acontecido. Ali Heitor ficou embriagando-se, chorava, olhava para o lugar onde viu as marcas de sangue e a única coisa que conseguia sentir era ódio de si mesmo. Sentia-se um assassino... "Se não fosse por mim, meu pai estaria vivo ao meu lado! Minha mãe está sofrendo! Eles não tiveram culpa de nada!... Eu que deveria estar morto!... Só assim para fugir desse sofrimento", Heitor pensou da mesma forma durante horas.

Ainda era noite. Heitor continuava embriagando-se, pensava da mesma forma, desejava estar morto, sentia não haver mais o que ser feito e, naquele mesmo momento, sentiu como se uma força desconhecida dominasse seu mental; algo ou alguém fazia com que pensasse em coisas insanas e, mesmo tentando lutar contra si, esse algo ou alguém parecia ser mais forte... Ele estava disposto a ajudar Heitor a se livrar daquele sofrimento.

Horas depois, aquela força desconhecida ainda parecia dominar o mental de Heitor. Ele estava em posse de uma arma, pensou durante horas em tirar sua vida, mas não teve coragem.

Porém, mesmo não sabendo, Heitor ainda estava do lado oposto do amor... Não era preciso que ele tivesse coragem para tomar uma decisão insana.

Tarde para Revelar a Verdade

Heitor embriagou-se tanto que não conseguia mais sentir seu corpo. Adormeceu mesmo não querendo e, ao despertar, estava sem noção do tempo.

Olhou para o lado, seus pertences e sua carruagem não estavam mais ali. "Esses malditos saqueadores levaram tudo enquanto eu dormia", Heitor pensou.

Heitor ainda pensava em tudo o que havia acontecido e naquele momento tomou uma decisão: iria revelar a verdade à sua mãe.

Ele caminhou durante algumas horas, as pessoas que cruzavam seu caminho pareciam não estar preocupadas com ele. "Estou imundo, exalando álcool. Com certeza estão com medo de mim", pensou.

Assim que chegou a sua casa, Heitor adentrou e avistou a governanta. Ela o olhava de forma estranha.

– Por favor, não se espante com meu estado. Passei a noite embriagando-me e acabei dormindo ao relento. Por isso estou assim. – Heitor falou para a governanta.

– Não estou espantada com seu estado – disse a governanta.

– Obrigado – agradeceu Heitor. – Onde está minha mãe?

– Está em seu quarto, mas não pode ouvi-lo agora. Não vá até ela! Creio que seja melhor.

Heitor achou estranha a forma como a governanta falava, parecia tratá-lo como um estranho, não o chamava de senhor e, às vezes, olhava em torno de seu corpo... Mas havia um motivo para isso... A governanta estava fazendo uso do dom que lhe fora concedido.

– É impressão minha ou a senhora está dando ordens a mim? – perguntou Heitor.

– Não estou dando ordens!... Não neste momento! Só estou dizendo que pode poupar seu sofrimento e o de sua mãe!... Não vá ao seu encontro! – alertou a governanta.

– Desculpe-me, mas preciso confessar-lhe algo! Só assim conseguirei viver em paz.

– Não quer conversar comigo? Talvez eu possa ajudá-lo.

– Agradeço sua boa vontade, mas preciso confessar a ela!

Heitor não deu atenção aos conselhos da governanta e foi em direção ao quarto onde estava sua mãe.

Ao adentrar, Heitor deparou-se com uma triste cena: sua mãe estava em seu leito, parecia estar muito doente.

– Mãe!!! O que aconteceu?!!! – Heitor gritou desesperado e ajoelhou-se próximo ao leito.

– Por que fez isso, meu filho?! Por que deixou sua mãe?! – perguntou a mãe de Heitor. Ela tinha seu olhar distante.

– Eu não a deixei, minha mãe!! Precisava sair para pensar um pouco!! Estava muito confuso!!

– Por que fez isso, meu filho?! – perguntou novamente a mãe de Heitor. Ela parecia estar delirando.

Naquele mesmo instante, a governanta entrou no cômodo. Ela trazia uma jarra com água, bacia e um pano. – Com licença! Ela precisa de cuidados.

Heitor se afastou.

A governanta levantou um pouco a cabeça da mãe de Heitor.

– Tome um pouco de água, minha senhora... Agora, deite-se.

Em seguida, a governanta pegou um pano úmido e começou a passar em algumas partes do corpo da mãe de Heitor.

– O que ela tem?! Por que está passando esse pano em seu corpo?! – perguntou Heitor, preocupado.

– Ela está com febre! Se eu não fizer isso, ela poderá morrer!

Heitor novamente aproximou-se do leito e ajoelhou-se.

– O que aconteceu, minha mãe?!! Por que está doente?!! – perguntou de forma desesperada.

– Por que Heitor fez isso comigo?! – perguntou a mãe de Heitor para a governanta.

– Acalme-se, senhora! Vou chamar um médico – disse a governanta.

Naquele momento, Heitor pensou: "Ela sabe que eu sou o culpado".

– Mãe!! Me perdoe!! Por favor!! Eu não sabia que tudo acabaria daquela forma! – implorou.

Sua mãe nada respondia, parecia estar delirando por causa da febre.

Certa do que fazer, a governanta tomou uma decisão:

– Venha comigo, Heitor!

– Não!! Preciso ficar com ela!! Preciso confessar-lhe algo!!

– Não percebe o estado em que ela está?! Ela não vai lhe ouvir! Mesmo que estivesse em sã consciência, também não o ouviria!

– Mas eu preciso confessar algo sobre a morte de meu pai!!! – Heitor gritou.

– Vai se sentir bem caso se confessar?! – perguntou a governanta. Ela estava séria.

– Sim! Preciso fazer isso!

– Pois, então, faça!... E não demore! – ordenou a governanta.

Heitor se aproximou de sua mãe e confessou tudo.

– Me perdoe, minha mãe! Sou o culpado pela morte de meu pai! Contratei um homem para matar o companheiro de Clarice, mas meu pai estava junto e acabou sendo morto! Por favor!! Perdoe-me!! – Heitor implorou em prantos.

Sua mãe nada disse. Apenas olhava para o teto. Seu olhar era fixo e distante.

– Pronto, já confessou! Agora venha comigo! – disse a governanta.

– Não! Vou ficar ao seu lado até receber seu perdão!

– Heitor, você não vai receber seu perdão! Venha comigo!

– Não!!! – Heitor afirmou gritando com a governanta.

Ela se aproximou de Heitor e de forma séria ordenou:

– Estou mandando me acompanhar! Agora sim é uma ordem!... Vamos! Minha senhora precisa ficar sozinha! – e saiu para o outro cômodo.

Heitor achou estranha a forma como a governanta agia, mas mesmo assim a seguiu.

– Você não pode mais ficar aqui! Precisa seguir seu caminho! – disse a governanta.

– Você ficou louca?! Esta casa é minha! Por que está ordenando isso?! – Heitor perguntou sem entender por que a governanta agia de tal forma.

– Posso ter vivido como uma escrava durante anos e ter sofrido agressões, principalmente em minha cabeça!... Mas não estou louca! Sei muito bem o que e com quem estou falando!

– Do que você está falando?! – Heitor indagou a governanta.

– Será que não percebe o que aconteceu?!... Ela perdeu o companheiro! Em seguida, o filho sai de casa, some durante tempos, comete uma insanidade contra si mesmo e, agora, volta, achando que está tudo bem?!

Heitor pensou: "Será que me embriaguei tanto que acabei dormindo durante dias?... Não!... Isso é impossível! Alguém teria feito alguma coisa".

– Sumi durante tempos? – Heitor perguntou, sem entender, à governanta. – Você só pode estar louca mesmo! Saí na noite passada! Dormi apenas esta noite fora de casa!

– Não! Você ficou por tempos fora de casa, e agora, depois do ato insano que cometeu, precisa seguir seu caminho!

– Do que você está falando?! Por que está me expulsando de minha própria casa?! – Heitor parecia estar entrando em desespero.

– Não o estou expulsando! Só estou fazendo com que veja a verdade!

– Qual verdade?!!! – Heitor estava ficando descontrolado.

A governanta percebeu que, mesmo se dissesse a verdade, Heitor não iria acreditar.

Naquele mesmo momento, a governanta recebeu uma intuição do que fazer.

– Venha comigo, Heitor!

Eles foram para o lado de fora da casa. Próximo havia dois serviçais. Ao se aproximarem, a governanta pediu a um deles:

– Por favor, vá até a casa do médico e diga que nossa senhora precisa de seus cuidados.

– Claro, senhora! – disse ele e foi em direção à casa do médico.

– Ela continua piorando? – perguntou para a governanta o outro serviçal que havia ficado junto a ela e Heitor.

– Sim! A febre não baixa! – respondeu a governanta.

– Que Deus tenha misericórdia de nossa senhora! – era o serviçal quem falava. – Uma pessoa como ela não pode morrer! São poucos os que tratam os negros como ela nos trata! Aqui, sinto que faço parte da família!

– Eu também sinto a mesma coisa – disse a governanta.

– Todo esse sofrimento é demais para ela! Como se não bastasse perder o companheiro... Agora, está sem seu filho também.

Heitor olhou para o serviçal e o indagou:

– Você ficou louco?!!

– Bem, vou voltar aos meus afazeres. Se precisar de ajuda é só me chamar – disse o serviçal para a governanta e saiu sem responder a pergunta de Heitor.

– Por que ele não respondeu à minha pergunta?! – Heitor já estava pasmo, era como se soubesse, mas não queria acreditar.

– Aceite sua verdade, Heitor, e siga seu caminho.

– Por que está dizendo isso?!! – Heitor estava apavorado.

– Porque seu mundo já não é mais o mesmo que o nosso! – afirmou a governanta.

– Como assim?!! Vai acontecer alguma coisa comigo?!!

– Não vai acontecer... Já aconteceu!... Que Deus tenha misericórdia de você, Heitor – e olhando para o céu, a governanta clamou a um Orixá: – Peço a ti, Pai, Senhor das Almas!... Faça com que esse ser veja a verdade em seu espírito, para que siga seus caminhos.

– Senhor das Almas?!!! – gritou. – De quem está falando?!!!

A governanta não respondeu, apenas voltou para junto da mãe de Heitor.

Mesmo estando evidente, Heitor não acreditava estar vivendo em espírito. Ele voltou para onde estava sua mãe e novamente tentou conversar, mas foi em vão.

Minutos depois chegou o médico e começou a dar cuidados à mãe de Heitor.

– O que ela tem? – perguntou Heitor, mas o médico não respondeu.

O desespero aumentou. Heitor não queria acreditar estar vivendo em espírito; para ele, tudo estava normal. Chegou a pensar que todos estavam loucos, e foi aí que ele teve uma ideia: iria falar novamente com o padre.

Heitor partiu em disparada para a igreja. Ao chegar, viu que o padre estava próximo ao altar.

– Padre!! – Heitor o chamou e correu em sua direção. – Por favor!! Preciso de sua ajuda!!

O padre não ouviu nem viu Heitor, mas sentiu a presença de um ser perdido que se cobrava por seus erros.

Ciente de que ali havia um espírito, o padre ajoelhou-se diante ao altar:

– Não sei o que queres aqui, mas sinto que deves algo, porém, não cabe a mim julgar-te por teus erros, mas posso orar por ti – o padre fez uma prece e ao final disse:

– Que Deus tenha misericórdia e conforte tua família.

Em seguida se levantou e ficou de frente para o altar.

– Agora, peço em nome de Deus que deixe essa igreja e siga teu caminho – pediu o padre e fez o sinal da cruz.

Heitor não teve mais dúvidas. Tinha praticamente todas as lembranças em seu mental, e naquele mesmo momento chegou a uma conclusão: "Fui ao encontro da morte!", pensou. Mas ainda não sabia como havia deixado a vida na carne.

Heitor deixou a igreja, começou a caminhar sem rumo e, durante essas caminhadas, tentava esquecer tudo o que havia acontecido. Desejava que tudo não passasse de um sonho, mas, conforme passavam-se os tempos, sua certeza só aumentava.

Transcorria o tempo, entre idas e vindas. Heitor continuava a caminhar sem rumo. Às vezes ficava dentro da igreja, sentia-se seguro ali... Mas só conseguia ficar lá dentro enquanto permanecia como um ser perdido... Trevosos eram barrados por Seres de Luz.

O tempo passava, Heitor já não sabia o que fazer para se livrar daquele tormento, também não tinha mais noção do tempo. Ao mesmo tempo em que estava ciente de estar vivendo em espírito, forçava seu mental para que tudo fosse uma ilusão, queria o perdão Divino... Mas era inútil. Por mais que tentasse, Heitor sentia estar preso, pagando pelos erros cometidos.

Mesmo ciente de ter errado, Heitor não desistiria. Iria em busca de ajuda, queira ser perdoado pelo que fez, faria súplicas. E essas seriam ouvidas.

O Vigário

Tempos depois de estar perdido no plano terrestre, Heitor chegou à conclusão de que, se pedisse o perdão pelo que havia feito, talvez sua vida em espírito pudesse mudar. Então, ele decidiu ir até o local onde tudo havia acontecido. Ali ficou a pedir perdão pelas vidas de Clarice, de seu companheiro e de seu pai. "Se estão vivendo em espírito, ouvirão minhas preces", pensou.

Heitor voltou ao mesmo local por diversas vezes; sempre pedia perdão pelas vidas que se foram e também clamava por ajuda para seu espírito... E seu clamor foi ouvido.

Em um determinado dia em que Heitor estava no pequeno vale onde seu pai, Clarice e seu companheiro foram mortos, e clamava por ajuda, sem que esperasse, alguém se aproximou dele.

– Sente-se sozinho, filho? – perguntou um ser desconhecido.

Heitor estava cabisbaixo e, ao ouvir aquela voz, olhou para ver quem era.

À sua frente estava o espírito de um senhor. Sua feição era de paz, suas vestes o deixavam com aparência de um antigo vigário. "Minhas preces foram ouvidas", Heitor pensou.

Rapidamente, Heitor foi ao encontro daquele ser.

– O senhor é um enviado de Deus?! Veio para ajudar-me?! – Heitor perguntou cheio de esperanças.

– Depende. Primeiro preciso saber se está ciente do estado em que se encontra – disse de forma tranquila o vigário.

– Sim! Sei que estou morto, mas não sei há quanto tempo nem como foi! – Heitor falou meio desesperado.

– Estou ciente de tudo, filho. Venho acompanhando seu desespero há algum tempo. Assim que deixou a vida na carne, um de seus homens veio para buscar o corpo que mantinha seu espírito. Você não acreditou no que havia acontecido, até seguiu os que levavam seu corpo até o cemitério. Depois, ainda não acreditando, voltou para este pequeno vale certo de estar sonhando e aqui deixou seu espírito adormecer durante muito tempo.

"Então, foi por isso que a governanta disse que eu havia sumido", Heitor pensou.

– Quando isso aconteceu, senhor? Como deixei a vida na carne? – Heitor perguntou ao vigário.

– Já faz algum tempo. Infelizmente, você ficou desejando sua morte. Uma força inimiga estava próxima e se aproveitou de sua fraqueza. E, como você estava descontrolado e tinha uma arma em mãos, ceifou a própria vida! – o vigário ainda falava de forma tranquila. Tinha suas mãos para trás.

O vigário sabia exatamente o que estava falando. Ficou ao lado de Heitor durante muito tempo.

Heitor parecia não acreditar, mas ao forçar seu mental lembrou que realmente desejou sua morte e, naquele mesmo momento, começou a sentir uma forte dor em sua cabeça.

– Sinto muita dor, senhor! Ajude-me, por favor! – Heitor implorou ajoelhando-se.

– Acalme-se! Você se lembrou de ter usado a arma contra sua própria cabeça, não foi?... É por isso que está sentindo dores... Logo passará.

Assim que conseguiu se acalmar, Heitor não via outro para o ajudar, a não ser aquele vigário.

– Senhor! Preciso de ajuda! Preciso esquecer tudo o que aconteceu!... Ajude-me, por favor!

– Acalme-se!... Quer realmente que eu o ajude? – perguntou o vigário olhando diretamente nos olhos de Heitor.

Heitor estava tão atordoado que não pensou duas vezes.

– Sim! Não aguento mais ficar por aí! Não encontro caminho algum para seguir!... Preciso esquecer o que fiz! – Heitor parecia estar entrando em desespero.

A fim de livrar-se daquela angústia e mesmo sem o vigário ter perguntado, Heitor contou quase tudo o que havia feito em vida. O que sentia por Clarice, o desencanto no amor, os inocentes que levou à morte em troca de propinas e mulheres, mas não disse o motivo que levou seu pai à morte. Preferiu não ser cobrado por isso. "Estou conversando com um vigário. Não sei o que pode me acontecer, caso conte toda a verdade", Heitor pensou.

– Bem. Então, quando esteve na carne, seu nome era Heitor, fora um juiz que agia conforme a lei, mas, por causa de um amor não correspondido, condenou dezenas de inocentes à morte... Estou certo? – perguntou o vigário dando alguns passos em torno de Heitor.

– Foi exatamente isso, senhor! – Heitor afirmou de forma triste. – Mesmo assim, ainda irá ajudar-me em meus caminhos?

– Está disposto a seguir outros caminhos?

– Sim! Estou! Leve-me para onde o senhor vive! Não quero mais viver desta forma!

– Está certo em querer seguir os caminhos que sigo? – perguntou o vigário. Seu olhar estava estranho.

Mas Heitor nem levou em conta e, novamente, sem pensar, respondeu...

– Sim! Estou certo disso!

– Muito bem. Venha comigo.

Eles iniciaram uma caminhada. No começo, o caminho era conhecido para Heitor, mas, algum tempo depois, Heitor viu-se próximo ao que parecia ser um cemitério, o qual estava totalmente destruído e abandonado.

Heitor pensou: "Será que esse vigário foi enviado por Deus?".

– Para onde vamos, senhor? – perguntou Heitor. Ele já estava com medo de que algo de ruim pudesse lhe acontecer.

– Vamos para ao lugar onde vivo... Não foi essa a sua escolha?

– Sim. Mas esse caminho não parece ser bom.

Sim, a energia que pairava ali era tão densa que era quase impossível não senti-la... Ainda mais estando em espírito.

O vigário, ao lado de Heitor, estava em silêncio, apenas caminhava, mas parecia estar atento a algo... Ele ouvia os pensamentos de Heitor.

Heitor pensou: "Acho que fui enganado por esse vigário. Ele não foi enviado por Deus. Este lugar não é obra de Deus". E começou a fazer uma prece em seu mental... Mas já era tarde.

O vigário virou-se para Heitor e deu uma gargalhada tenebrosa.

– Mas é um idiota mesmo, não?! Acha que Ele vai ouvir suas preces?! Depois de ter condenado tantos inocentes à morte em troca de propinas e prazeres com mulheres, depois de estar ciente que foi o culpado pela morte do pai e de um casal, sendo que a mulher estava esperando um filho!... Ainda acha que é digno de se dirigir a Ele, seu assassino?!

Heitor ficou pasmo, não lembrava de ter contado tudo aquilo, mas o vigário estava certo disso.

– Você é um assassino! Seu pai está morto, aquela mulher carregava um filho!... Será eternamente condenado por essas vidas!

Heitor não conseguia dizer nada. O medo tomava conta de seu espírito.

Mesmo estando com medo, Heitor pensou: "Como ele sabe que sou o culpado pela morte de meu pai?".

O vigário ouviu seus pensamentos.

– Como sei que você é o culpado? – perguntou e começou a gargalhar. – Vou fazer com que você saiba, maldito juiz!

O vigário olhou fixamente para os olhos de Heitor, seu olhar transmitia ódio, parecia querer vingar-se.

A forma como o vigário olhava parecia estar há séculos no mental de Heitor. Sim, ele lembrou que o réu o olhara da mesma forma. "Impossível! Não pode ser ele!", Heitor pensou.

– Sim, seu maldito! Sou eu mesmo! – disse o vigário, em seguida plasmou uma forma para que Heitor o reconhecesse.

Era o réu que havia ceifado a vida do pai de Heitor. Além das suas vestes rasgadas, sua aparência de trevoso dava medo em qualquer ser perdido.

Heitor tentou fugir, mas já era tarde. Ao tentar correr, o ser trevoso plasmou uma corrente em sua mão, prendeu no pescoço de Heitor e começou a arrastá-lo.

– Pare, por favor!! – Heitor implorou.

O trevoso deu outra gargalhada e de forma irônica disse:

– Não posso! Você disse que queria ir para o lugar onde vivo... Estou apenas atendendo seu pedido – novas gargalhadas.

Heitor foi arrastado por um longo caminho dentro daquele cemitério abandonado. Algum tempo depois, percebeu que o vigário parou e abriu algo como se fosse um portal e, ao adentrarem, Heitor viu que o local não se parecia com o plano terrestre. Era escuro, nas paredes não havia nada além de tochas; próximo a eles, seres estranhos davam gritos de vitória. Eles enalteciam o ser que puxava Heitor pelas correntes.

"Deus! Livrai-me desses seres, por favor!", Heitor clamou em seu mental.

– Pode rezar quanto quiser, seu maldito! Suas súplicas serão inúteis aqui! Agora será um escravo daquele que reina nas trevas! – disse o réu trevoso, e novamente gargalhou do desespero que Heitor sentia.

Heitor fora levado para um lugar que parecia ser uma cela. Nas paredes havia correntes.

O réu trevoso chamou outros para ajudar no que iria fazer.

– Vamos!! Ajudem a prender esse miserável!!

Eles pressionaram o corpo de Heitor contra a parede. Seus braços foram levantados e presos pelas correntes.

Como achou que aquele sofrimento ainda era pouco, um dos trevosos puxou as correntes, fazendo com que o corpo de Heitor ficasse praticamente imóvel.

Ali Heitor ficou preso. No início, chegou a pensar que foram dias, mas, quando soube precisar o tempo real do mundo em que vivia, teve a certeza de ter ficado preso às correntes por aproximadamente dois anos.

Durante o tempo em que permaneceu preso, Heitor pedia ajuda, gritava por socorro, mas todos os esforços pareciam ser em vão, até que em um determinado dia, de tanto implorar por ajuda, avistou alguém caminhando em sua direção.

De longe, Heitor não conseguia ver quem era, mas pôde observar o tamanho de quem se aproximava. Seus olhos eram acesos como brasas, suas vestes eram negras e rasgadas, em suas mãos carregava correntes... Ainda preso, Heitor estava prestes a conhecer o ser que dava as ordens naquela parte das trevas.

O chefe ficou muito próximo de Heitor, seu olhar era fixo, transmitia ódio. Heitor não conseguia sentir nada além de medo e o calor intenso que emanava daquele ser.

O chefe ficou em silêncio observando Heitor, sentia o medo que estava em seu espírito e, pouco tempo depois, indagou-lhe:

– Por que não para de gritar, maldito miserável?!!

– Por favor! Tire-me daqui! Não aguento mais esse sofrimento! – Heitor implorou ainda preso pelas correntes.

– Está arrependido? Acha que já pagou por tudo o que fez? – perguntou o chefe dando a entender que iria libertá-lo.

– Sim! Estou arrependido! Já paguei por tudo o que fiz de errado!

– Por que acha isso?

– Sofri demais depois que morri! Fiquei sem rumo! Depois, trouxeram-me para cá, e aqui estou preso já não sei há quanto tempo!

– Entendo – falou o chefe como se estivesse compadecido. – Prefere voltar para a vida que levava como um perdido?

– Sim!.. Eu imploro!... Deixe-me voltar!

O chefe gargalhou.

– Mas é muito idiota mesmo, não?!! Acha mesmo que é tão fácil assim sair daqui?!!! – gritou. – Acha que eu não sei das atrocidades que cometeu?!!!... Você é um assassino!! Merece ficar preso por toda a eternidade!!

– Eu imploro!... Deixe-me sair! Estou ciente de tudo o que fiz! Já sofri demais!

Se Heitor soubesse o que iria acontecer dizendo que já havia sofrido demais, não teria dito.

– Acha mesmo que já sofreu demais?! – indagou o chefe. – Pois agora vou lhe mostrar o que é sofrimento, seu maldito!!

A Vingança dos Réus

O chefe saiu, mas algum tempo depois voltou com cerca de dez trevosos ao seu lado.

– Agora verá o que é sofrimento! – afirmou o chefe.

Um dos trevosos se aproximou de Heitor e plasmou uma forma para que o reconhecesse.

– Lembra-se de mim, miserável?!

Heitor não respondeu, olhava para todos. Seu medo começou a aumentar, pois já sabia quem eram aqueles seres, mas não imaginava do que eram capazes.

– Vamos!!! Responda!!! – gritou o trevoso. – Lembra-se de mim, maldito?!!

Heitor permaneceu em silêncio, seu espírito emanava medo, sabia que havia errado com aqueles seres à sua frente quando estavam em vida na carne e, para que não sofresse preso às correntes, preferiu ficar calado.

Mas não iria adiantar. Naquele momento, Heitor estava prestes a sofrer nas mãos daqueles que um dia foram condenados injustamente.

O ser à sua frente avançou para cima de Heitor e, com suas duas mãos, pegou em seu pescoço.

– Você sabia que eu era inocente!!! – gritou. – Tive de tirar a vida daquele maldito para salvar minha família!!! Se não fizesse isso, ele mataria a todos, seu miserável!!! – ele ainda gritava e continuava a sufocar Heitor. – Mesmo assim pedi clemência, mas você não aceitou!!!... Não aconteceu da forma como aquela maldita contou!!! – falava da companheira do homem de quem ele havia tirado sua vida. – Ela mentiu!!! Ele não foi em minha casa para cobrar dívidas!!! Ele era um saqueador e você sabia disso!!!

Quanto mais se lembrava do que aconteceu em vida, mais ódio o trevoso sentia em seu espírito e, conforme esse ódio aumentava, torturava Heitor ainda mais.

– Eu era casado!!! Tinha filhos!!! Todos ficaram em miséria, e a culpa é sua!!!... E tudo por quê?!!!... Em troca de uma noite de prazer com aquela maldita meretriz!!! Seu canalha, sua alma!!!

Estava claro para Heitor o ódio daquele ser. Assim como muitos dos que foram condenados mesmo sendo inocentes, ele tinha família, e seu maior desespero foi o de ficar por anos ao lado deles vendo o sofrimento de todos e não poder fazer nada, pois estava em espírito.

Heitor lembrou-se do que havia acontecido. Aquele ser, quando na carne, havia tirado a vida de um homem, um saqueador, porque ele havia invadido sua casa e sua família corria perigo; ele não viu outra saída, a não ser reagir para salvar a todos. A companheira do saqueador não aceitou tal situação e, para vingar-se, ofereceu-se a Heitor. Em troca, ele teria de condenar aquele homem e, assim como em muitos outros casos, o juiz concordou: condenou aquele réu em troca dos prazeres da carne.

Os outros que também foram condenados de forma injusta estavam com seus espíritos tomados pela fúria e, da mesma forma que Heitor fora torturado pelo primeiro, os outros fizeram o mesmo. Cada um queria uma explicação para ter sido condenado à morte. Como Heitor não tinha explicações, foi torturado por todos até perder seus sentidos. Não, não foram horas de torturas, foram dias, e, quando cessaram, Heitor chegou a pensar que não haveria de sofrer mais por tudo o que tinha passado... Mas estava enganado. Aquilo seria só o início, pois eles estavam planejando algo para que Heitor sofresse da mesma forma que sofreram e, se não quisesse passar por mais torturas, ele teria de fazer uma escolha.

Réu dos Réus

Heitor estava desacordado, quando sentiu alguém mexendo nas correntes que prendiam seu corpo contra a parede. Era um dos aliados do chefe quem o libertava.

Heitor fora solto, em partes, pois suas mãos ainda estavam acorrentadas diante de seu corpo.

– Vamos! Acompanhe-me, seu miserável! – ordenou o ser que o libertou das correntes.

Heitor acompanhou aquele ser. Por onde passava escutava pedidos de socorros; eram outros espíritos que estavam presos, alguns, mesmo estando ali, não sabiam o motivo.

Eles continuaram caminhando. Heitor estava prestes a encarar um fato que vivera por anos quando esteve na carne, mas, naquela situação, estaria do outro lado. Para ser mais exato, Heitor estaria no banco dos réus.

Assim que chegaram ao destino, Heitor deparou-se com uma cena e logo percebeu o que iria acontecer.

De um lado estavam dezenas de trevosos, entre esses estavam alguns dos que foram sentenciados por ele. À sua frente estava o chefe e, do outro lado, um lugar vazio. "Serei julgado por eles", Heitor pensou.

Sim, era isso o que iria acontecer. O ser que fora juiz na carne sentia que era um réu em espírito.

– Coloque esse maldito no devido lugar dele! – ordenou o chefe.

Heitor fora levado para seu canto, com correntes presas em suas mãos e pescoço, e obrigado a ficar de joelhos diante a todos.

Naquele momento iniciaria uma sessão de torturas, mas mentais, e, se não quisesse sofrer, Heitor teria de fazer uma escolha, mesmo sabendo que era a errada.

O chefe ouviu a todos que ali estavam, os que foram condenados mesmo sendo inocentes e os que nunca viram Heitor na carne, mas todos desejavam o mesmo.

Aos gritos, muitos diziam:

– Vamos acabar com esse miserável! Vamos esgotar seu maldito espírito!! Ele merece ficar preso por toda a eternidade!! – foi disso para pior que Heitor ouviu naquele dia.

Logo que todos pararam de gritar, de forma irônica o chefe perguntou a Heitor:

– Algo a dizer em sua defesa? – todos gargalharam.

Na tentativa de se livrar de sua sentença, Heitor tentou justificar seus atos, mesmo sentindo que, por mais que pedisse, jamais seria perdoado. Mas como não viu outra saída, resolveu tentar...

– Peço perdão a todos! Sei que fui o culpado de levar muitos à morte, mas fiz isso porque já não via sentido em minha vida. Deixei-me cegar por causa de um amor não correspondido – Heitor lamentou.

Durante algum tempo, Heitor narrou tudo o que havia acontecido e, ao final, disse:

– Não sei o que irão fazer comigo – e cabisbaixo concluiu –, mas peço clemência a todos!

Heitor achou que suas palavras sinceras tocariam naqueles seres... Mas enganou-se... Eles estavam mexendo com seu mental para que começasse a se autotorturar.

– Mas é um imbecil mesmo, não?! – era o chefe quem falava. – Acha mesmo que vamos aceitar seu pedido?! Aqui não existe clemência nem compaixão, idiota! Vai pagar por tudo o que fez! Ordenarei isso até que não tenha mais força nesse seu maldito espírito!

Heitor não conseguia dizer mais nada em sua defesa e, mesmo que dissesse, sabia que não iriam dar atenção às suas palavras.

Mas o chefe tinha uma proposta e, caso Heitor não quisesse passar por todo aquele sofrimento novamente, teria de fazer uma escolha.

O chefe levantou-se e se aproximou de Heitor.

– Tenho uma proposta para você. Caso aceite, não sofrerá mais. Agora, se não aceitar, ordenarei que fique preso pelas correntes e deixarei que todos esses que condenou em vida façam o que quiserem desse seu maldito espírito!... E olha que eu posso encontrar mais alguns dos que você mandou matar!

Não vendo saída, Heitor perguntou cabisbaixo.

– Qual a proposta?

– Será meu escravo! Seguirá minhas ordens sejam elas quais forem!... E então?... Talvez essa seja uma forma de aceitar seu pedido de clemência – disse o chefe e deu uma gargalhada.

Heitor pensou: "Não sei do que eles são capazes. Já me torturaram até eu não ter mais forças. Se eu não aceitar, é capaz que façam coisas piores. Além disso, sou um assassino e todos aqui já sabem disso".

– Sim, eu aceito! – disse Heitor.

– Olhe para todos! – ordenou o chefe. – Diga que será meu escravo e seguirá minhas ordens e as dos meus aliados!

Heitor estava cabisbaixo. Naquele momento olhou para todos os trevosos que ali estavam e fez como o chefe ordenou:

– Serei escravo do chefe! Seguirei suas ordens e de todos seus aliados!

– Muito bem! – disse o chefe.

Em seguida, se dirigiu a um dos seus.

– Prenda esse miserável! Quando forem à caça, levem-no junto!

Heitor ficou preso como da primeira vez, e durante esse longo tempo em que permaneceu ali, pensou em tudo o que havia feito em vida. Sentia-se o pior ser. "Virei um assassino pelo simples fato de um amor não correspondido. Fui um verdadeiro estúpido!", assim Heitor pensou por muitas vezes. Porém, o que mais atormentava seu mental era o fato de seu pai tê-lo orientado quanto a Clarice. Se tivesse o escutado, eu não estaria nesse inferno", assim pensava.

Heitor sentia ódio de si mesmo sempre que se lembrava disso. Estava certo de ter sido o culpado de tudo, mas havia uma única coisa que carregou como dúvida durante os longos anos em que permaneceu como um trevoso. "Se Clarice não era uma meretriz, por que meu pai impediu aquela relação? Por que Clarice desistiu de se casar comigo?". Heitor não ficaria sem as respostas. Essas viriam anos depois.

Já era tarde. Heitor sabia que não fazia sentido ficar se lamentando e, em razão disso, chegou à conclusão de que, mesmo que não tivesse aceitado ser mais um escravo do chefe, seu destino não seria diferente, de qualquer forma seria condenado por toda a eternidade. E, assim como muitos, jogou tudo pelos ares e aliou-se aos trevosos.

De Escravo a Aliado das Trevas

Heitor ainda estava preso, quando um dos aliados do chefe aproximou-se e soltou as correntes que prendiam seu corpo.

– Venha comigo! – ordenou.

Eles foram ao encontro do chefe.

– Está preparado para agir, escravo? – perguntou o chefe.

Heitor nada respondeu, mas mesmo assim o chefe prosseguiu.

– Sairá com ele! – apontou para o réu que havia tirado a vida do pai de Heitor. – Seguirá as ordens dele!... Ele já sabe o que fazer.

O réu trevoso prendeu uma corrente no pescoço e nas mãos de Heitor e fez com que seu espírito fosse lançado junto ao dele, para o plano terrestre. Em poucos segundos já estavam próximos ao local desejado.

– Como fez isso?! Como viemos tão rápido para este lugar?! – perguntou Heitor.

– Cale essa boca e ande, seu miserável! – ordenou o réu trevoso.

Eles seguiram para o destino. Era em um local onde homens e mulheres embriagavam-se.

Heitor ainda estava com suas mãos e pescoço acorrentados, e assim ficaria durante alguns atos insanos que iria cometer.

Eles adentraram. Heitor não fazia ideia do que fariam ali.

– O que vamos fazer aqui? – perguntou Heitor.

– Viemos em busca de escravos!

– Escravos? – Heitor não sabia do plano. – Mas essas pessoas estão em vida na carne! Não podemos fazer com que sejam escravos das trevas!

– Estão em vida por pouco tempo! Aqui, sempre morre alguém! Logo, um deles será nosso!

Heitor ficou espantado.

– Vai matar essas pessoas?! – perguntou pasmo.

– Não! Vamos fazer com que eles façam isso!... Ou melhor... Você fará isso!... Eu já devo demais! – disse o réu trevoso e gargalhou.

– Eu farei isso?!! – o medo já tomava conta do espírito de Heitor. – Não posso! Já cometi muitos erros! Serei cobrado se fizer isso!

– Eu também já devia muito quando o induzi a usar aquela arma contra sua cabeça – disse o réu e gargalhou.

– Você me fez tirar minha vida?!

O réu trevoso olhou com cara de indignação para Heitor.

– Você é mais idiota do que eu imaginava!... Mas é claro que fui eu! Como iria me vingar de você?! Tinha de estar morto, não? Você estava sem coragem... Só dei uma mãozinha para que tivesse... Mas a decisão foi sua! – disse o réu e gargalhou.

"Por isso que eu sentia algo dominando minha mente enquanto me embriagava. Esses seres não têm compaixão", pensou Heitor.

– Ah! Pare de ficar se lamentando! Vamos!... Vai fazer o que estou mandando ou quer voltar para onde estava?!

– Não! Não quero voltar! Mas também não posso fazer isso!

– Você disse na frente de todos que iria seguir as ordens, seu miserável! Cumpra com sua palavra ou eu mesmo começarei a acabar com seu maldito espírito! Além disso, já existe uma oferta para o que irá acontecer!... Vai seguir minhas ordens ou quer voltar?!

– Vou seguir suas ordens – disse Heitor, não querendo sofrer e não vendo saída...

– Muito bem... Um desses homens é um matador! Outro que está aqui o jurou de morte! Você só fará com que ele não tenha medo de cumprir com sua palavra... E então?... Vai fazer ou prefere voltar a ficar preso sendo torturado?

Heitor não teve escolha...

– E o que preciso fazer? – perguntou Heitor.

– Nada demais. Apenas faça com que continuem bebendo.

– Mas como? Não sei fazer isso!

– É só entrar no mental deles e influenciá-los, seu imbecil!

Heitor ficou parado. Ainda não sabia o que fazer.

– Mas é muito idiota mesmo, não?!... Você não começou a se embriagar depois que seu pai morreu?!! – perguntou o réu em alto tom. – Não sentia esse desejo?!! Não ficou dependente do vício até deixar a carne?!! – o réu perguntava, mas nem dava tempo de Heitor responder. – É isso o que precisa fazer, seu imbecil! Passe sua vontade de beber e eles sentirão! Se conseguir, ainda poderá sentir a essência do álcool em seu espírito!... Depois, podemos dividir o que foi ofertado.

"Isso parece ser bom", Heitor pensou.

– O que acha que essas pessoas estão fazendo aqui? Acha que vieram buscar paz de espírito? Orar? Pedir por todos de sua família?... Olhe tudo em sua volta! Este lugar já está tomado de energias ruins! Essas pessoas vieram em busca disso!... Vamos! Faça logo o que ordenei!

– Só preciso sentir o desejo do álcool e tentar passar a ele? – perguntou Heitor.

– É só isso!... Fácil, não? – as palavras do réu soavam em tom de ironia.

Mesmo incerto, Heitor colocou-se ao lado de um dos homens que bebiam. Era ele quem iria tirar a vida de outro que também estava no mesmo local.

Heitor tentou de alguma forma passar seu desejo de beber a ele e, em pouco tempo, aquele homem voltou a se embriagar... Heitor até se aproveitou da situação, pegou um pouco daquela essência e, segundos depois, sentia seu espírito saciado. Sentiu prazer no que fizera.

Assim que percebeu que ele estava embriagado, Heitor aproximou-se do outro, agiu da mesma forma e, quando finalizou, foi em direção a outros. Já fazia sem ser ordenado, fez apenas pelo fato de sentir prazer em seu espírito.

Quando muitos deles já estavam embriagados, Heitor voltou para junto do réu...

– Pronto! Segui suas ordens. E o que faço agora?

– Vamos esperar!

Pouco tempo depois, um dos homens que estava embriagado aproximou-se de uma mulher. Ele tentou pegá-la à força para saírem dali, mas alguns não gostaram do que viram e foram tirar satisfações... Aquilo foi suficiente para iniciar uma carnificina... Sim. Estava feito. Em poucos minutos, aquele lugar estava banhado em sangue.

Quando tudo havia terminado, Heitor parecia não acreditar no que via. Em silêncio, lamentava em seu mental: "Não acredito! Fui o culpado de tudo isso!".

– Ahh, não seja estúpido! – era o réu trevoso quem falava. – Você mandou matar dezenas de pessoas inocentes e nunca se lamentou por isso! Agora vai fazê-lo por cinco vidas que se foram?! Esses aí já estavam com suas estradas trilhadas para o inferno! – afirmou o réu e gargalhou. – Fique aqui! Se tentar fugir, eu mesmo vou em sua captura!

O trevoso sumiu, foi em busca do chefe. Heitor ficou sozinho, mas não tentou fugir. E, mesmo que quisesse, não conseguiria... O réu trevoso voltou em fração de segundos e ao seu lado estava o chefe.

– Pelo visto, seguiu as ordens, não é mesmo? – disse o chefe com um leve sorriso em sua face.

Heitor nada respondeu, estava cabisbaixo, sentia repúdio em seu espírito.

O chefe olhou para os cincos que estavam no chão, todos banhados em sangue, um deles agonizava e pedia ajuda.

– É esse aqui que vamos levar! Será um bom escravo – disse o chefe. Ele já conhecia aquele homem. Fora seguido por tempos pelos trevosos.

O chefe aproximou-se do homem que agonizava e, para que seu plano desse certo, plasmou em seu espírito a forma de um ser encarnado.

– Não consegue se levantar? – perguntou o chefe.

– Não está vendo que me machuquei com a queda, seu estúpido! – falou o homem que estava caído ao chão.

– Quer ajuda?

– Claro! Ande logo! Ajude-me, seu imprestável! – ele literalmente não sabia com quem falava.

– Vou ajudar somente com uma condição! – disse o chefe.

– Qual?

– Terá de seguir a minhas ordens!

O homem que estava ao chão fez cara de indignação e indagou:

– Seguir suas ordens?!... Você ficou louco?! Sabe com quem está falando?! Sabe do que sou capaz?!

– Claro que sei com quem estou falando! – afirmou o chefe. Ele estava calmo. Tinha toda situação em suas mãos. – Você era um matador! Seguimos você por muito tempo! Por isso estou aqui! Gosto desses que cometeram atos insanos!

Aquele homem ainda não sabia o que havia acontecido, também não sabia que o chefe gostava de seres como ele para que pudessem cometer suas torturas. Chegou até a pensar que o chefe o queria como seu aliado.

– Está querendo que eu seja seu capanga? Quer que eu o proteja e mate outros quando ordenar?

– Quero apenas que siga minhas ordens!... E então?... Aceita? – perguntou o chefe.

– Eu não sigo ordens de ninguém, seu imbecil!

– Pois, então, fique aí! Ficará preso aí dentro por toda a eternidade, seu idiota! – o chefe já começava a mexer no mental daquele homem.

– Espere até eu conseguir me levantar! Vou acabar com sua vida, seu maldito!!

O chefe gargalhou, em seguida disse:

– Duvido que consiga se levantar! Se conseguir fazer isso sozinho, farei com que seja tão temido quanto sou! Agora, se não conseguir, eu mesmo farei com que pague por tudo o que fez e por estar me chamando de idiota!

Aquele ser desdenhou...

– Acha mesmo que coloca medo em alguém com essa cara? Sou mais temido que você! Todos sabem do que sou capaz! Já matei muitos! Tirar sua vida não me custará nada!

– Será que minha cara não coloca medo em ninguém? – perguntou o chefe e fez um olhar de dúvida. – Eu lhe dou uma chance de retirar o que disse.

Novamente ele desdenhou.

– Vá para o inferno, seu miserável!! Se não vai me ajudar, vá embora!! Já disse que essa sua cara não coloca medo em ninguém!

O chefe olhou fixamente em seus olhos. Ele iria provar que aquele ser estava errado.

– Vou fazer com que engula suas palavras, seu maldito sofredor! – e plasmou sua forma real.

Quando aquele ser caído olhou para o chefe e viu suas vestes rasgadas, seus olhos em brasas, suas mãos enormes, entrou em pânico.

– Por Deus!! Quem é você?!! – perguntou aquele homem, com seus olhos arregalados.

– Parece que agora temos alguém com medo, não? – perguntou o chefe e gargalhou.

– Quem é você?! O que quer de mim?!

– Já disse! Quero que siga minhas ordens, seu imbecil! Se não aceitar, ficará preso dentro desse corpo até sentir essa carne apodrecer e ser devorada por bichos!

– Ficar preso neste corpo?!... Do que está falando? – perguntou, sem entender, aquele ser caído.

O chefe não iria poupá-lo.

– Você está morto, idiota! Não se lembra do que aconteceu aqui?! Você levou um tiro no peito e dois nas costas.

Sim, a todo momento, o chefe falava com o espírito do homem que estava jogado ao chão. Ele ainda pensava que estava vivo.

Até aquele momento, ele não conseguia sentir nada, seu corpo estava paralisado; porém, depois de ouvir o que o chefe dissera, começou a refletir no que havia acontecido...

– Não pode ser!! Não posso estar morto!!

– Mas está! – disse o chefe e gargalhou. – As balas vararam seu corpo, seu imbecil! Você não está sentindo nada porque ainda acha que está vivo! Seu corpo está paralisado.

Novamente, ele refletiu. Segundos depois começou a sentir as dores da carne e, pouco tempo depois, não teve dúvidas de estar vivendo em espírito...

– Ajude-me, por favor!! – pediu desesperado aquele ser.

– Se aceitar seguir minhas ordens, posso ajudá-lo! Se não aceitar, ficará preso aí dentro! – afirmou o chefe.

– Mas o que vai ordenar?! O que fará comigo?! – aquele ser estava apavorado.

– Primeiro precisa aceitar. Depois direi!... E tudo bem se não quiser! Eu vou embora e você fica aí até começar a sentir os bichos devorando seu corpo!... Talvez um dia consiga se livrar sozinho, mas, quando isso acontecer, restarão apenas seus ossos – disse o chefe e começou a caminhar para ir embora.

Mas ele não iria... Estava apenas deixando aquele ser em desespero.

– Espere!! – gritou o ser. – Eu aceito sua ajuda! Seguirei suas ordens!

O chefe chamou Heitor e o outro ser trevoso...

– Diga na frente deles que seguirá minhas ordens!

– Quem são esses?! – perguntou pasmo.

– Não interessa! Apenas faça o que mandei! Se não disser, não terá outra chance! Vou embora e você ficará aí até colocarem seu corpo em um caixão!... Vai ficar sofrendo preso lá dentro por toda a eternidade!

Aquele ser não teve escolha...

– Tudo bem! Eu aceito! Agora, tire-me daqui!

– Diga a eles que será meu escravo!

– Serei escravo dele!!... Pronto!! Agora, tire-me daqui!!

– Muito bem! Agora pode se levantar – disse o chefe.

Ele se levantou sozinho.

– O que você fez?! Como fez isso?! – perguntou pasmo aquele ser.

O chefe balançou a cabeça negativamente e disse:

– Lá vou eu ter de explicar tudo o que aconteceu a mais um maldito sofredor!... Eu não fiz nada, seu idiota! Você não conseguia levantar porque seu corpo estava paralisado pelos disparos! Você achava que ainda estava vivo na carne, por isso não conseguia sentir seu corpo! Era ele que estava paralisado, não seu espírito! – e de forma tranquila o chefe concluiu.

– Mas, como foi um estúpido: deixou seu mental: enganá-lo – e deu uma leve gargalhada.

– Então, você não fez nada e ainda me obrigou a dizer que seria seu escravo?!

– Isso mesmo, imbecil! Se tivesse tentado se levantar depois de ter a certeza de estar morto, não precisaria ter aceitado, mas como já aceitou, agora será levado para onde estão os outros! Em seguida, ordenou:

– Prendam esse miserável e levem-no para onde estão os outros!!

Assim como Heitor, aquele ser também ficou preso durante anos.

Depois daquele dia, Heitor continuou a agir no plano terrestre, mas na maioria das vezes vinha em busca de espíritos perdidos, em sua maioria aqueles que cometeram atos insanos e que de qualquer forma seriam cobrados.

No início, Heitor era ordenado, mas com o passar dos tempos começou a agir por si mesmo. Não se preocupava mais com o que havia acontecido, os que foram condenados quando em vida não o torturavam mais, pelo contrário, respeitavam-no. Isso mesmo, depois de estar vivendo por anos em espírito, Heitor consumiu todo ódio que podia... isso alimentava seu espírito. Com o passar dos tempos, ganhou forças, o que fez com que ficasse tão temido quanto o chefe.

E assim Heitor agiu durante décadas... Para ser mais preciso, foram mais de dois séculos, levando em consideração o tempo do plano terrestre. Em terra, Heitor pegava espíritos transgressores e fazia com que pagassem pelo que fizeram, e isso era em forma de torturas, bem piores do que passou. Heitor fazia com que as regras predominassem onde estava... Como disse o chefe, ali não era lugar para clemência nem compaixão.

Durante os anos em que agiu como um trevoso, Heitor fez com que centenas pagassem pelo que haviam feito.... Mas nem todos tiveram a infelicidade de cruzar seu caminho; alguns tiveram sorte, como no caso de um ser chamado Nestor. Heitor estava prestes a conhecê-lo, mas não teriam muito contato enquanto estivesse nas trevas; porém, diferentemente de outros, Heitor iria aconselhá-lo, e o motivo foi por sentir que o espírito de Nestor não carregava tanta maldade como muitos ali, e esse não esqueceria os conselhos recebidos.

Desconhecido Hoje, Aliado Amanhã

Heitor estava em uma das partes daquela egrégora das Trevas. Em sua volta havia outros. Todos eram os mais temidos, inclusive Heitor. Eles estavam reunidos para decidir o que iriam fazer no plano terrestre e, enquanto decidiam, algo acontecia do outro lado onde estava o chefe... Mais um ser estava prestes a se tornar um escravo das trevas. Seu nome... Nestor.

Nestor já estava preso há aproximadamente um ano. Fora pego por espíritos trevosos por ter cometido atos insanos quando esteve na carne. Coincidência ou não, também induzido pelo amor.

– Bem, Nestor, a partir de hoje você será meu escravo! – era o Chefe quem falava. – Eu mando e você obedece, e, se não obedecer, voltará para onde estava... Fui claro?

"Voltar a ficar preso pelas correntes naquele lugar horrível?... Nada pode ser pior do que isso", pensou Nestor.

– Sim... O senhor foi claro.

Aqui o chefe disse "muito bem", dando a entender que tudo estava claro.

Em seguida, ele disse para um de seus aliados que levasse Nestor ao local onde estavam outros.

– Muito bem – disse o chefe – e ordenou para um dos seus que estava próximo. – Leve-o para onde estão os outros.

Nestor foi levado até o lugar onde Heitor estava. Ao adentrar, o medo parecia tomar conta de seu espírito, e Heitor percebeu isso.

O ser que havia levado Nestor o deixou sozinho. Com medo, Nestor olhava para baixo, evitava os olhares dos que ali estavam.

Algum tempo depois, Nestor avistou um lugar onde talvez pudesse ficar, mas ao lado estava Heitor e seu olhar também transmitia medo. Porém, entre ficar no meio de todos ou escolher um lugar, Nestor preferiu enfrentar seu medo e caminhou em direção a Heitor.

Ao se aproximar, Nestor se dirigiu de forma educada a Heitor:

– Com licença... Posso me sentar aqui? Meu corpo dói. Não consigo me manter em pé.

– Posso sentir o medo que vem de você! – disse Heitor. – Não precisa agir de forma educada!

– Não quero arrumar problemas. Não sei se este lugar tem dono.

– Se tivesse dono, ele já estaria aqui se impondo a você!... Sente-se!

Nestor estava com medo, mas mesmo assim decidiu se dirigir a Heitor...

– Posso fazer uma pergunta?

– Claro! – afirmou Heitor. – Mas, antes que faça, deixe que eu diga algo... Sua educação não irá mudar sua vida neste lugar! Ao contrário disso, só irá conseguir com que muitos lhe deem ordens! Eles gostam desses que carregam medo, sempre fazem tudo quando são ordenados... Tome cuidado!

– Obrigado pelo conselho – agradeceu Nestor.

Heitor começou a zombar, e havia um motivo para isso... Depois de estar vivendo por décadas nas Trevas, sabia quem estava lá por gostar de maldades e viu que Nestor não era um desses.

– Logo se nota que você foi um filho muito bem-educado pela família, mas cometeu alguma besteira para estar aqui.

– E como sabe disso? – perguntou Nestor.

– Muitos dos que vivem aqui agem praticamente da mesma forma! Pelo que posso sentir, você não deve ter cometido muitas atrocidades. Além disso, sinto que não carrega tanta maldade... Qual o seu nome?

– Nestor.

– Eu me chamo Heitor... Há quanto tempo está aqui, Nestor?

– Não sei dizer. Prenderam-me em um local escuro. Não faço ideia por quanto tempo. Além disso, perdi meus sentidos muitas vezes.

Heitor fez uma cara como se já soubesse o que havia acontecido; e não era por menos, ele estava a muito tempo naquele local, já estava acostumado com as coisas que aconteciam.

– Fizeram o mesmo que fazem com muitos que aqui chegam. Creio que você esteja aqui há aproximadamente um ano.

– Um ano?!!! – Nestor não acreditou no que ouvira.

– Não seja tolo, Nestor! Esqueça a vida que teve na carne! O mundo em que vive agora é diferente daquele que vivia antes!... Melhor se acostumar com sua nova vida!

Nestor viu que Heitor estava certo. Tudo era diferente naquele mundo, até o tempo, e muitos dos que ali estavam não se incomodavam com a vida que levavam, pareciam gostar das maldades que lhes eram ordenadas. Heitor era um desses.

– Da forma que fala, parece que não se preocupa em estar aqui – disse Nestor.

– E iria mudar algo se me preocupasse? Sei muito bem das atrocidades que cometi em vida! Dezenas de famílias choraram ou ficaram em miséria por minha causa!

– Mas o que fez de tão ruim?

– Eu era um juiz! Sentenciava pessoas à morte, e muitas vezes recebia propinas por isso.

– E isso o agradava?

– No início não, pois eu sempre agia de forma justa. Mas, quando comecei a receber propinas e até mulheres em troca, não pensava duas vezes. Era suficiente para levar um inocente à morte!

– Então, creio que, muitos dos que estão aqui cometeram atos insanos, não?

– Nem todos. Alguns estão aqui porque estiveram em desequilíbrio e, em razão disso, cometeram erros, como no seu caso.

– Você sabe de tudo o que fiz de errado?

– Não! Mas posso sentir que foi um idiota e agiu por impulso!

Nestor ainda não sabia ao certo a verdade sobre o que havia acontecido quando estivera em vida na carne, mas mesmo assim concordou com o que ouviu.

– Você tem razão. Fui um verdadeiro estúpido! Depois de tantos conselhos, decidi continuar pelos caminhos errados.

– O que fez de errado? – perguntou Heitor.

– Planejei a morte de um homem porque ele não quis dizer a verdade sobre a morte de meu pai, e agora minha família está sozinha e eu estou aqui, preso neste inferno!... Pior do que isso... Eu nem sei se ele era o verdadeiro assassino.

– Mandou matar um homem sem saber se ele era o verdadeiro culpado?

– Sim! Depois matei três saqueadores! Eles invadiram meu comércio. Meu filho estava lá! Tive de fazer isso para defendê-lo!

Heitor refletiu, em seguida disse:

– Sinto em lhe dizer, mas agiu como um verdadeiro estúpido!... Não se condena alguém sem antes saber a verdade!

– Sei disso – Nestor lamentou –, mas agora já é tarde!

Eles continuaram conversando. Durante a conversa, dois trevosos entraram, chamaram alguns dos que ali estavam e saíram do local.

– Para onde vão levá-los, Heitor?! – Nestor estava preocupado.

– Não sei. Talvez estejam indo em busca de mais escravos... Essa é a vida que levamos aqui, Nestor! Alguns são obrigados a cometer atos que não querem, já outros, cometem por puro prazer.

– E farão isso comigo?

– Não tenha dúvidas quanto a isso. Se está aqui, logo será forçado a fazer o que eles querem. E, se você não seguir as ordens, creio que já esteja ciente das consequências.

Algum tempo depois, outro ser entrou onde eles estavam. Não era um ser qualquer, pela altura já sabiam quem era, de longe dava para ver aqueles olhos acesos como brasas... Era o chefe quem se aproximava.

O medo tomou conta de Nestor.

– Acalme-se, Nestor! Ele não vem à sua procura.

– E como sabe disso?

– Muito simples... A maioria dos que vivem aqui já me conhece. Eles sabem do que sou capaz!... Somente o chefe vem ao meu encontro!

O chefe já estava se aproximando deles e, antes de sair de onde estavam, Heitor deu um conselho para Nestor:

– Não desafie o chefe e nenhum de seus aliados, Nestor! Você não sabe do que eles são capazes! – e saiu do local.

Heitor se reuniu com outros trevosos e o chefe estava junto.

– Hoje será o dia daquele miserável! – era o chefe quem falava de um homem que estava jurado de morte. – Fiquem próximos a ele! Já fui informado de que muitos estão atrás dele para matá-lo! É bem provável que seja morto hoje! Se acontecer, tragam aquele miserável para cá!... Vou fazer com que pague da pior forma possível!

Heitor e os outros lançaram-se para o plano terrestre; ele liderava o grupo. Foram em busca daquele homem e só iriam esperar o pior acontecer para poderem agir.

Mas não foi preciso que esperassem, pois quando o encontraram, já havia acontecido. Ele havia acabado de tirar sua vida; se não fizesse isso, outros iriam queimá-lo vivo.

Aquele ser olhava seu próprio corpo jogado ao chão e, percebendo que ele estava no estado de espírito perdido, Heitor plasmou em seu espírito sua última forma de vida que teve na carne e se aproximou sozinho daquele ser...

– Não compreende o que aconteceu? – era Heitor quem perguntava.

– Quem é você? – perguntou o ser que havia acabado de deixar a carne.

– Sou um juiz! Estou aqui para ajudá-lo... Por que estava olhando para esse corpo morto?

– Não estou compreendendo nada! Ele se parece comigo! O que está acontecendo?! – perguntou desesperado.

– Não se lembra de nada antes de ver esse homem morto?

– Heitor sabia. Só estava agindo em seu mental.

– Não! Não me lembro de nada!

Ele mentia. Estava com medo do que poderia lhe acontecer... Ainda mais na frente de um juiz.

Mas a verdade estava prestes a vir à tona.

Algum tempo depois apareceram alguns homens. Todos estavam com tochas e armas e, ao verem aquele homem morto, um deles disse.

– Esse maníaco se matou!

– Melhor assim! Poupou nosso trabalho! – falou outro homem.

E, olhando para o corpo concluiu:

– Se não tivesse feito isso, iríamos queimá-lo!... Seu maldito abusador de mulheres!

Assim que todos foram embora, Heitor voltou a dialogar com aquele ser perdido:

– Parece que agora já sabe o que aconteceu, não é mesmo?... Seu maldito abusador!... Você está morto! Tirou sua vida com essa faca que está nas mãos desse corpo jogado ao chão!

Heitor plasmou sua forma de trevoso e ordenou que os outros aparecessem.

– Quem são vocês?! – aquele ser perguntou com medo em sua face.

– Somos aqueles que seguiram você durante anos! Vimos muitas coisas que você fez!... Agradava-lhe forçar alguém a fazer algo contra a própria vontade? – Heitor o indagava de forma séria.

Aquele ser ficou em silêncio.

– Vamos!! Responda, seu maldito!! Acha certo o que fazia? – Heitor não estava preocupado com o que ele fazia, apenas continuava a agir em seu mental para que pudesse dizer algo.

Ele continuava em silêncio. Além de saber que estava errado, o medo consumia seu espírito por estar vendo Heitor e os outros... Todos transmitiam medo apenas na forma de olhar, mas suas formas também ajudavam.

Heitor continuou a agir no mental daquele ser...

– Acha certo o que fazia com mulheres, seu maldito?!!

– Peço perdão! – implorou. – Eu não conseguia me conter!

Era esse o momento pelo qual Heitor esperava. Assim como o chefe, ele também sentia prazer em negar o perdão.

– Não existe perdão para o que você fazia, seu miserável! Prendam esse maldito! Vamos levá-lo! – em seguida ordenou.

Além de espíritos desordenados, Heitor chegou a fazer de escravos alguns espíritos que estavam perdidos, e fazia isso por meio de seus vícios; alimentava esses em troca de favores. Sim, assim como fora feito com ele em seu primeiro ato insano em espírito, Heitor fez o mesmo durante anos com os que estavam perdidos, e esses aceitavam fazer o mal a outros, apenas pelo fato de saciarem suas vontades.

Mas chegou um momento no qual Heitor parou e refletiu em tudo o que estava fazendo. "Por que estou fazendo isso com esses seres? Estou descontando todo meu ódio em cima de alguns que não merecem! Estou neste maldito lugar por minha culpa! Estou fazendo outros seguirem esse mesmo caminho, sendo que muitos deles poderiam ser salvos por Seres de Luz", e assim Heitor pensou durante tempos.

Em virtude desses pensamentos, Heitor chegou a uma conclusão: se havia alguma esperança de sair daquele lugar, teria de mudar seus atos.

Sim, muitos anos depois, Heitor decidiu que não mais levaria espíritos perdidos para serem escravos das trevas; estava arrependido de tudo o que havia feito e, para ajudar a outros, planejou algo que deu certo... Mas não por muito tempo.

A Traição

Dia de irem em busca de espíritos desvirtuados. O chefe havia acabado de dizer que todos deveriam seguir as ordens de Heitor.

– Não! – Heitor discordou. – Eu vou sozinho! Mande esses miseráveis para outro canto! Só sabem atrapalhar! – disse de uma forma como se não mais aguentasse os erros dos outros, mas, na verdade, era por já ter um plano traçado.

O chefe concordou e Heitor lançou-se sozinho para o plano terrestre, mas, dessa vez, agiria de forma diferente.

Depois de estar caminhado há algum tempo no plano terrestre, Heitor encontrou um espírito que já sabia que havia desencarnado e, para ajudá-lo, plasmou sua forma de juiz e se aproximou...

– O que faz aqui sozinho, meu amigo? – mesmo sem saber, Heitor já começava a ir em busca do perdão para seu espírito.

– Não sei para onde ir! – afirmou o ser perdido. – Fiquei alguns dias na casa em que morava, mas, depois de perceber que não me davam atenção e ver minha mãe chorando por sentir minha falta, lembrei-me do que havia acontecido, então tive a certeza de estar morto!... Decidido, saí de casa, comecei a andar sem rumo, até encontrar essa fonte de água e, desde então, fico aqui... Não quero ficar andando por aí! Não quero me aproximar dos que estão na carne! Mesmo não querendo, acabo sugando energias de alguns... Não faço isso por mal! Apenas me sinto bem, próximo de alguns – lamentou.

– Tenho certeza de que não faz por mal, meu amigo. Por isso estou aqui. Conheço um lugar onde ficará seguro! É em uma igreja! Eu fiquei em uma por alguns dias. Nesses lugares há luz! É possível que você consiga ajuda.

– Tem certeza disso? Ajuda é o que mais preciso! Não aguento mais ficar perdido neste mundo!

– Posso imaginar sua dor... Venha comigo! Vou levá-lo a uma igreja. Lá, você ficará seguro.

Sim, Heitor sabia que a igreja era um lugar de paz. Assim que deixou a carne, ficou por algum tempo dentro de uma e sabia que aquele ser poderia ter ajuda. Mas o que Heitor não sabia é que teria problemas mesmo estando plasmado em sua forma de juiz, pois, quando entrou na igreja, ele ainda era um espírito perdido, por isso quem guardava aquela igreja permitiu sua entrada.

Eles caminharam até que encontraram uma igreja; porém, quando chegaram próximo à porta, dois seres enormes segurando lanças apareceram... Eram os Guardiões daquela igreja...

– Afaste-se agora, ser das Trevas!! – ordenou um deles a Heitor. – Não nos subestime! Sabemos que está plasmado! Se der mais um passo, faremos uso de nossas armas contra seu espírito!

– Não vim para entrar em conflito, Guardiões! Só vim para trazer este ser perdido! Ele precisa de ajuda!

– Pois, então, deixe-o aí e vá embora, antes que sejamos obrigados a usar nossas lanças!

– Entre, meu amigo! Ficará seguro lá dentro – disse Heitor e saiu às pressas.

E, assim, Heitor agiu durante anos. Quando encontrava seres perdidos, direcionava-os para alguma igreja; não se preocupava mais com os que estavam desvirtuados, não os fazia mais escravos e isso começou a gerar desconfiança no chefe e em outros trevosos. E, por isso, começaram a seguir Heitor para descobrirem por que decidia sair sozinho em suas missões.

De tanto seguirem Heitor, alguns já haviam visto como ele agia. Então, decidiram como iriam fazer para que Heitor pagasse por sua traição.

Em um determinado dia, Heitor estava no plano terrestre. Naquele dia, ele havia ajudado muitos espíritos perdidos, não se importava com o que fizeram, não se preocupava em sentir o que carregavam em suas essências. Se estavam perdidos, plasmava sua forma de juiz e os direcionava.

"Talvez, esse tenha sido o erro de Heitor... Não procurar sentir a essência dos que estavam perdidos, pois, se assim tivesse feito, talvez não tivesse passado pelo que passou."

Heitor avistou mais um espírito perdido. Ele estava cabisbaixo e clamava por ajuda.

Já plasmado em sua forma de juiz, Heitor foi ao encontro daquele ser perdido...

– O que aconteceu, meu amigo? Precisa de ajuda? Sabe o estado em que se encontra?

– Sim! Sei que estou morto, mas não sei para onde ir! – lamentou.

– Venha comigo. Vou levá-lo onde possa receber luz.

– Em uma igreja? – perguntou ainda triste aquele ser.

– Sim!

– Tem certeza de que posso receber ajuda em uma igreja? Já ajudou a mais alguém?

Heitor achou estranha aquela pergunta, mas já era tarde.

Aquele ser perdido se levantou e plasmou sua forma real... Era o réu. Ele havia plasmado em seu espírito uma aparência que teve em uma de suas vidas na carne e conseguiu enganar Heitor.

– Seu traidor miserável!! Por isso não deixava ninguém ir junto quando saía em busca de escravos, não é mesmo?!!

Heitor plasmou sua forma de trevoso e lhe ordenou:

– Afaste-se de mim! Não vou pensar duas vezes para acabar com seu maldito espírito! – e criou duas armas em suas mãos.

– Você e mais quem?... Acha que pode enfrentar a todos nós? – perguntou o réu trevoso e gargalhou.

Heitor olhou para trás. Além do chefe, outros estavam juntos.

– Prendam esse traidor!! – ordenou o chefe.

Eles o acorrentaram, Heitor não tentou reagir, apenas ficou em silêncio... Ele já sabia o desfecho por sua traição.

Heitor fora acorrentado nas trevas. Lá, o chefe ordenou.

– Esgotem esse maldito traidor!!

Heitor foi torturado durante muito tempo. Além das torturas, alguns deles tinham o dom de sugar energias de outros e faziam isso até Heitor não ter mais forças para manter seus sentidos.

E, assim, Heitor ficou durante anos, caído, esgotado, não tinha nem forças para pedir ajuda. E, mesmo que tivesse, não adiantaria... Somente um milagre para salvá-lo, assim ele sentia. "Isso é impossível! Cometi erros insanos na carne e em espírito. Agora, fui julgado pelas trevas e condenado por toda eternidade!" Sempre que voltava sua consciência, Heitor pensava da mesma forma. Sentia que nem um milagre poderia acontecer.

Mas o que Heitor não sabia é que quando ajudamos um desconhecido, ele pode se tornar nosso aliado... Ainda mais quando é beneficiado de alguma forma. Enquanto Heitor sofria preso e tendo seu espírito esgotado por diversas vezes, Nestor não esqueceu os conselhos que recebera. Mas, além de Nestor, uma Força Maior também olhava por Heitor.

Desde que deixaram de ter contato nas trevas, Heitor e Nestor seguiram rumos não muitos diferentes. Porém, o arrependimento de Nestor veio primeiro; com isso, foi resgatado anos antes e, enquanto Heitor agia como um ser trevoso, Nestor seguia seu caminho para evolução.

O Resgate

Século XX. Enquanto Heitor estava preso e esgotado, algo acontecia em outro lugar... Em um cemitério.

Naquele cemitério havia um Guardião, era Nestor. Depois de ter ficado preso durante anos, Nestor fora resgatado por um ser denominado Barnabé, um senhor que, em sua última vida na carne, vivera como escravo. Foi ele quem ajudou Nestor a enxergar a verdade de um passado que o atormentava. Além disso, também o ajudou a acreditar que ainda possuía seu dom, que Nestor descobrira quando ainda era criança e vivia na carne... O dom de regressar ao passado... Bastava apenas se concentrar no local onde estava ou olhar nos olhos de algum ser, para que pudesse voltar ao passado. E, além de voltar, Nestor podia ouvir o que fora falado. Mas, como ainda era uma criança, seu pai não sabia o que acontecia e, por isso, decidiu levar Nestor para que uma curandeira tirasse de seu filho o que achava que era algo ruim... Mas quem foi que disse que o ser humano tem o poder de tirar algo que fora concedido por Deus? Nestor teve fé, acreditou que Barnabé podia direcioná-lo e, após receber o perdão divino, tornou-se o Guardião daquele cemitério.

O Guardião caminhava pelo cemitério, em sua capa escondendo suas espadas. Estava em busca de espíritos perdidos para direcioná-los ao Cruzeiro das Almas, mas também estava atento caso algum trevoso aparecesse.

Enquanto caminhava pelo cemitério, o Guardião viu que um portal se abriu próximo ao Cruzeiro das Almas.

Ciente de quem poderia sair daquele portal, sem demora o Guardião foi ao seu encontro... Já estava acostumado com as visitas de Barnabé.

– Salve vossa sagrada presença, Senhor! – o Guardião saudou curvando-se.

– Levante-se, Guardião! Não precisa saudar-me desta forma, filho.

O Guardião achou duas coisas estranhas naquele momento: primeira, Barnabé o chamava de Nestor; segunda, a voz do ser à sua frente não era conhecida por ele.

Ao olhar, o Guardião viu que diante dele estava um ser que aparentava ter vivido por anos na carne; seu espírito trazia traços como muitos dos que foram escravos, suas vestes tinham alguns símbolos como os das vestes de Barnabé.

Como não conhecia aquele senhor, o Guardião ficou com feição de desconfiado.

– Qual o problema, Guardião? Por que essa feição? – perguntou aquele senhor.

– Achei que fosse Barnabé. Um senhor que me ajudou e ainda ajuda!... Sempre recebo sua visita.

– Barnabé não pôde vir. Com o início da nova crença religiosa, muitos Seres de Luz estão em missões. Por isso pediu para que eu viesse.

– Compreendi... Qual vosso nome, Senhor?

– Joaquim. E, se está desconfiado de quem está à sua frente, tem minha permissão para usar seu dom!... Olhe em meus olhos e veja meu passado. Afinal, é o Guardião deste cemitério! Precisa desconfiar de todos, não?

– Obrigado por me permitir voltar em vosso passado, senhor, mas não será preciso. Posso sentir a energia que vem de seu espírito.

Além disso, tenho certeza de que não é um trevoso plasmado na forma dos senhores que foram escravos!

– Barnabé estava certo quando disse sobre você, e eu confirmo: É muito sábio, filho!

– Agradeço vossas palavras, senhor... Algo que eu possa fazer para ajudá-lo?

– Sim!... Creio que não seja segredo para você que a nova crença religiosa já se iniciou, certo?

– Sim! Barnabé havia dito que isso iria acontecer. Além disso, já estive em alguns desses Templos... Conheço outros Guardiões que tomam conta deles.

– Estou ciente disso e é por isso que estou aqui... A nova crença já foi apresentada aos olhos dos que estão na carne, alguns Templos já foram abertos, porém muitos outros ainda virão! Como deve ser de seu conhecimento, esses Templos precisam ser protegidos, precisamos que Seres de Luz tomem conta desses no que diz respeito à parte espiritual e ajudem os encarnados. Para isso, precisamos de seres regidos, para que possam vigiar quem entra, o que fará que protejam esses Templos com a força de quem os regerá e que possam ir a lugares que, por causa do nível de vibração, é melhor que um Exu vá!

– Posso fazer isso, senhor. É só dizer o local e quando iniciará. Vou até lá e vejo se não há nenhum trevoso que possa atrapalhar.

– Bom saber que podemos contar com sua força, mas, neste caso, precisamos de alguém para ser o Guardião do Templo, e você já é um Guardião, porém deste cemitério.

– Tenho alguns aliados, senhor, mas todos já têm seu ponto de força.

– Também estou ciente disso, Guardião. Mas creio que exista alguém com quem talvez possamos contar... Barnabé contou-me um pouco sobre você e, pelo que pude entender, sofreu muito assim que deixou a carne. Enquanto muitos o torturavam, apenas um parecia estar a seu lado.

– Sim!... Nunca me esqueci dele! Ele se apresentou a mim como Heitor. Tivemos pouco contato, mas as poucas palavras e conselhos que me deu me ajudaram a viver naquele lugar. Já pensei muitas vezes em ir ao seu encontro para agradecer e tentar ajudá-lo, mas fui orientado a não ir, que talvez não fosse o momento dele, por ainda carregar em seu espírito desejos negativos.

– Barnabé o orientou, não é mesmo?

– Ele mesmo!

– Ele estava certo quanto a isso, Guardião! Enquanto carregarmos desejosos negativos, dificilmente daremos ouvidos aos Seres de Luz... Mas acreditamos que agora seja o momento de Heitor... Recebemos orientações da Lei Maior! Não sei os motivos e também não conheço Heitor, mas, pelo que podemos entender, ele fora escolhido pelo Senhor do Fogo, aquele que detém o poder sob a justiça!

– Compreendi... O senhor quer que eu vá ao seu encontro?

– Poderia fazer isso, Guardião? O pedido não é apenas meu. O Trono que detém o poder sobre a justiça precisa de Heitor.

– Farei isso, senhor! E estou ciente de que devo respeitar a Lei e a vontade de Heitor. Caso não aceite ajuda, não posso interferir em sua decisão... Até onde me lembro, Heitor era chefe de uma falange de espíritos caídos. Talvez ainda seja... Agora, caso tenha desistido, deve estar preso, ou foi expulso de onde estava!... Mas mesmo assim acredito que posso achar os caminhos, caso não esteja naquela egrégora.

– Isso mesmo, Guardião! Já tem outorga para agir nessa missão. E, se for preciso, não hesite em fazer uso da força da Lei!

Alguns dias depois, o Guardião reuniu alguns dos seus aliados no cemitério e disse tudo sobre a missão que lhe fora concedida....

– E é por isso que chamei todos vocês, senhores. Preciso da ajuda de todos para que possamos ir em busca de Heitor. – Era o Guardião do Cemitério quem falava com diversos de seus aliados. Todos estavam com suas vestimentas de Guardiões e suas armas de proteção em mãos.

– Será uma honra para nós ajudá-lo, Guardião! Nunca nos esqueceremos de tudo o que fez! A grande maioria dos que aqui estão foi resgatada por você, e acredito que, por mais que façamos, nunca pagaremos o que fez por nós – disse um dos aliados.

Todos concordaram com o que ele disse.

– Essa também é minha missão, senhores! Resgatar e direcionar!

Dias depois, todos os aliados estavam no cemitério, e eles iriam com o Guardião ao encontro de Heitor.

Joaquim estava próximo.

– Estarei esperando aqui, Guardião. Caso consigam trazê-lo, levem-no até o campo-santo.

Os Guardiões lançaram-se para as profundezas rapidamente. Em fração de segundos já estavam próximos ao lugar onde o Guardião do Cemitério ficara preso por muitos anos.

O Guardião do Cemitério empunhou suas espadas. Eles começaram a descer por uma passagem pouco iluminada e, ao final, depararam-se com alguns seres trevosos, mas nenhum deles impediu que seguissem, afinal, além do Guardião, todos os seus aliados empunhavam suas armas de proteção. Além disso, os trevosos podiam sentir que todos estavam regidos pela Lei.

O Guardião liderava o grupo, conhecia todos os caminhos e, como não encontrou Heitor entre os mais temidos, seguiu para os lugares onde ficavam os que eram torturados pelos trevosos... Lá estava Heitor. Caído e esgotado.

O Guardião chamou um de seus aliados:

– Ele foi esgotado! Use seu dom, companheiro. Regenere esse espírito!

O aliado do Guardião aproximou-se de Heitor, ajoelhou-se, cobriu-o com sua capa e começou a irradiar forças para aquele espírito esgotado.

Pouco tempo depois, Heitor começou a recobrar seus sentidos... Teve até forças para ficar em pé.

O Guardião tirou parte da touca de sua capa que cobria sua face e saudou Heitor:

– Salve, Heitor, meu amigo!

"Enquanto o Guardião conversava com Heitor, os aliados estavam atentos. Não subestimavam os trevosos."

– Quem é você, Ser de Luz? Por que chama um trevoso de amigo? – perguntou Heitor, ainda meio fraco.

– Não teria outro título a lhe dar, a não ser esse... Vim para agradecê-lo, mas também vim em missão! – disse o Guardião.

– Agradecer?... Ajudei-o em vida? – perguntou Heitor meio desconfiado.

– Não. Ajudou-me em espírito!

– Quem é você? Qual seu nome? – Heitor ainda estava desconfiado.

– Sou o Guardião do Cemitério! Mas, quando fui condenado a vir para as trevas, chamava-me Nestor.

– Seu nome não me é estranho e sua face também não!... Já esteve aqui?

– Sim! Quando estive na carne, trilhei meus próprios caminhos ao encontro da morte e, por isso, condenei meu espírito a vir para as trevas. Aqui fiquei preso por algum tempo, até que me levaram ao encontro de outros, você estava entre esses. Dentre alguns conselhos que me deu naquele dia, um deles foi o de não afrontar o chefe. Segui isso por alguns anos, mas depois decidi afrontá-lo... Estava disposto a ficar preso pela eternidade, mas não iria mais seguir as ordens para fazer o mal! E, graças a essa decisão, estou livre e, hoje, sirvo a Lei!

Heitor ficou olhando por algum tempo para o Guardião e seus aliados. Naquele momento se lembrou do dia em que o Guardião fora para o mesmo lugar onde ele vivia por anos. Lembrou também as poucas palavras ditas a ele...

– Sim! Lembro-me de você!... Um filho que tinha tudo para seguir pelos caminhos corretos, mas deixou-se guiar por suas escolhas erradas!

– Sim! – afirmou o Guardião. – Sou eu mesmo! Mas não vim aqui para falar sobre isso. Tenho uma missão. Preciso levá-lo para outro lugar, mas, para tanto, precisa querer seguir junto a mim e meus aliados!

Mesmo estando fraco, Heitor gargalhou e, usando da pouca força em seu espírito, plasmou em suas mãos uma lança e a direcionou para o Guardião.

– Sei muito bem o que fazem com os que praticam o mal!! É melhor que saiam daqui!! Não sabem do que sou capaz!!

O Guardião não esboçou reação, apenas ficou olhando Heitor de forma séria e, naquele mesmo momento, guardou suas espadas.

Seus aliados também estavam empunhados de suas armas de proteção e, percebendo que o Guardião podia estar em apuros, tentaram avançar.

Mas o Guardião não iria enfrentar Heitor...

– Não vamos entrar em conflito, companheiros! – disse o Guardião a seus aliados. Em seguida se dirigiu a Heitor.

– Não vou enfrentá-lo, meu amigo! Diferentemente de muitos dos que estão aqui, está agindo por orgulho por não ter esperanças de libertação... Mas acredite!... Em nosso mundo, nunca é tarde para fazer o bem!

– Não tente me ludibriar com suas palavras, Ser de Luz!!! – Heitor gritou e novamente direcionou sua lança para o Guardião. – Se tentarem esgotar meu espírito, acabarei com todos vocês, miseráveis servidores da Lei! – Heitor estava fraco, mas sua fúria parecia ser forte.

O Guardião ficou a observar Heitor por algum tempo e, vendo que ele estava decidido a seguir seus caminhos junto às trevas, seguiu conforme fora orientado.

– Não viemos aqui para afrontá-lo, mas, já que insiste em achar isso, não nos cabe outra escolha, a não ser deixar que siga seus caminhos.

O Guardião e seus aliados começaram a caminhar para saírem daquela parte das trevas. Ele sabia o que estava fazendo, já estava tudo planejado e outorgado pela Lei.

Ao ver os Guardiões caminhando, Heitor pôde ver símbolos na capa de todos. Sim, todos os aliados do Guardião estavam regidos por uma das Forças Divinas, além disso eles carregavam a força do trono da esquerda ao qual foram apresentados, e Heitor percebeu isso. Porém, o que mais chamou sua atenção era a força que vinha do Guardião e de seus aliados... Era algo que somente um Ser de Luz poderia carregar em seu espírito.

De longe, Heitor observava o Guardião e seus aliados. Ele pensava: "Preso há anos, e agora joguei pelos ares o que talvez fosse minha única esperança de sair deste inferno!... Sou um idiota mesmo!".

Heitor ficou a pensar em toda a vida que tivera na carne, pensava nos erros que cometera, as sentenças que dera contra pessoas inocentes, mesmo ciente de que elas poderiam ser poupadas. E, sem saber, aqueles pensamentos o ajudariam de alguma forma.

O Guardião do Cemitério já estava para sair, quando um de seus aliados lhe disse algo. Assim que ouviu, todos voltaram para próximo de Heitor.

– Por que deixa o orgulho tomar conta de seu espírito, meu amigo? – perguntou o Guardião do Cemitério. – Não tenho dúvidas de que não aguenta mais essa vida, está estampado em seu espírito! Além disso, tenho certeza de que está arrependido por não ter aceitado seguir junto a mim e meus aliados!

– Como ousa dizer tais palavras a mim?! – indagou Heitor. – Como pode ter certeza de algo que nem mesmo ouviu?!! – perguntou com ódio em seu olhar.

– Não é preciso que eu ouça! – afirmou o Guardião.

Em seguida, chamou um de seus aliados:

– Diga a verdade a ele!

O aliado aproximou-se de Heitor. Ele iria afirmar por que o Guardião havia dito aquelas palavras.

– Salve! – era o aliado do Guardião quem saudava Heitor. – Sou o Guardião das Matas! Quando fui regido pela força que rege os mistérios das matas e do conhecimento, recebi outorga para usar um dom que obtive ainda em vida na carne!

– Do que está falando, Ser de Luz?! – perguntou Heitor de forma desconfiada. – Que dom é esse?!

– O dom de ouvir pensamentos alheios! Em vida, usei esse dom para fazer o mal, mas, depois de receber o perdão divino, fui regido, e hoje uso para fazer o bem! Antes de virmos ao seu encontro, fui orientado a usar meu dom e assim fiz. Enquanto você conversava com o Guardião, eu ouvia seus pensamentos e, quando estávamos indo embora, pude ouvir em seu mental as seguintes palavras: "Preso há anos, e agora joguei pelos ares o que talvez fosse minha única esperança de sair deste inferno!... Sou um idiota mesmo!". Depois que pensou isso, ficou pensando em seu passado.

Heitor ficou furioso.

– Como ousa fazer uso de seu dom sem a minha permissão?!!

– Já disse! Antes de vir, fui orientado pelas Forças das Matas a fazer uso de meu dom! Mas, além disso, também tive permissão do Senhor que rege os mistérios do fogo!... Não preciso da sua permissão! As deles já são o suficiente! – o aliado do Guardião afirmou de forma séria.

Heitor ficou em silêncio, pensava em tudo o que ouvira e, mesmo estando certo de que estava fazendo a escolha errada, continuou a pensar de forma negativa.

Percebendo isso, o Guardião das Matas concluiu:

– Pense bem em suas escolhas! Se formos embora, somente o que habita acima de todos saberá se poderemos voltar! – em seguida, voltou para junto dos outros aliados.

Heitor ficou em silêncio, seu espírito parecia estar tomado por arrependimentos pelo que fizera. Sim, Heitor não suportava mais viver como um trevoso, foram anos vivendo da mesma forma. Se levarmos em consideração o tempo da Terra, foram mais de dois séculos preso e, quem já esteve lá, pode afirmar que, um dia, parece ser uma eternidade.

Heitor ainda pensava nas palavras que ouvira do Guardião das Matas e, naquele momento, olhou para o Guardião do Cemitério. Como sentia que a esperança estava diante de si, conseguiu dominar algo que há anos dominava seu espírito. E, mesmo incerto do que poderia lhe acontecer caso tentasse sair, decidiu se dirigir ao Guardião...

– Ainda há tempo de voltar atrás, Guardião? Gostaria de ouvir o que tem a dizer.

– Claro! – afirmou o Guardião. – Mas, se realmente quiser ouvir, teremos de sair daqui. Depois de estar ciente, terá o direito de fazer sua escolha.

Heitor ficou a pensar por um tempo e em seguida perguntou:

– E para onde vamos?

– Para um cemitério! Isso é tudo o que posso falar neste momento. Se aceitar seguir junto a mim e meus aliados, ficará sabendo... A escolha é sua, meu amigo!

Mas Heitor sabia que não poderia fugir. Fora condenado pelos trevosos.

– Não posso sair daqui! Não tenho forças para enfrentar o chefe e seus aliados! Nos últimos anos fui muito torturado! Eles esgotaram quase todo meu espírito!... Sei o que irá acontecer caso eu tente fugir!

– Mas você não vai fugir! Se realmente quiser sair, eu mesmo irei falar com o que dá as ordens!

– Você ficou louco?! – indagou Heitor. – Já viveu aqui! Sabe muito bem do que aquele ser é capaz!

– Sei disso, meu amigo. Mas vim enviado pela Lei e não sairei enquanto não cumprir minha missão!... A menos que realmente queira ficar aqui. Se essa for a sua escolha, terei de respeitar.

Heitor nada respondeu, mas sua feição deixava claro que não suportava mais tanto sofrimento.

Percebendo isso, o Guardião tomou uma decisão.

– Seu silêncio já me respondeu! Empunhando suas espadas, dirigiu-se a seus aliados.

– Acompanhem-me, senhores.

O Guardião não disse aonde iria, mas, apenas pela firmeza de suas palavras, Heitor pôde imaginar... Sim, o Guardião e seus aliados iriam ao encontro do chefe.

O Guardião já sabia onde era e quais caminhos fazer. Depois de viver por anos naquela parte das trevas, tinha em seu mental quase todos os caminhos.

Eles ainda estavam caminhando em direção ao local onde estava o chefe, quando, de repente, o Guardião parou e ficou a olhar para uma parte daquele lugar sombrio... Era ali que ele havia ficado preso.

Os aliados também pararam, eles não sabiam por que o Guardião agia de forma estranha, mas havia um motivo para isso. Naquele momento, mesmo sem querer, o Guardião voltou em seu passado e lembrou-se de tudo o que passara nas mãos daquele que um dia o fizera um escravo das trevas. Sim, ele se lembrou de quando recobrou seus sentidos e viu que seres estranhos o puxavam pelas correntes, o tempo que ficou preso, as torturas e a forma como o chefe fizera para que ele soubesse que estava vivendo em espírito. E, conforme as lembranças vinham em seu mental, um sentimento ruim parecia tomar seu espírito... Mas um de seus aliados estava atento e, como sabia um pouco da história do Guardião, notou sua mudança repentina.

Ele pôde sentir a energia que pairava do Guardião e, ciente do que acontecia, decidiu intervir usando o dom que a ele fora concedido quando fora regido por uma das Forças Divinas.

Ele colocou-se à frente do Guardião e, direcionando uma de suas mãos, bloqueou seu mental, fazendo com que ele voltasse aos tempos reais.

Assim que percebeu que o Guardião havia voltado para seu mundo real, seu aliado perguntou:

– Está bem, companheiro?

– Sim! – afirmou o Guardião e prosseguiu. – Acabei me lembrando do que aconteceu... Obrigado por bloquear meu mental, meu amigo.

– Não podemos subestimar as trevas, não é mesmo, Guardião?

– Nunca!... Agora vamos!... Precisamos falar com o que dá as ordens!

Eles seguiram por uma passagem pouco iluminada e, enquanto caminhavam, viam outros espíritos presos. Alguns pareciam estar inconscientes por causa das torturas que sofriam, mas por eles nada puderam fazer.

Assim que chegaram ao local onde ficava o chefe, o Guardião avistou-o. Ao seu lado estavam outros trevosos.

Assim que o chefe avistou o Guardião e todos seus aliados, percebeu que estavam agindo pela Lei e, incerto do que poderia lhe acontecer, plasmou uma corrente em suas mãos e se aproximou do Guardião...

– O que querem aqui, Seres de Luz? – indagou de forma grosseira.

– Viemos resgatar alguém que está preso! Ao contrário de muitos, não merece mais ficar aqui! – o Guardião estava sério. Olhava fixamente para os olhos do chefe.

– Como ousa vir onde reino e dizer uma insanidade dessas?!!! Quem você pensa que é para se dirigir desta forma a mim?!! – o chefe ficou furioso.

– Sou o Guardião do Cemitério! E esses são meus aliados! – o Guardião continuava a falar de forma séria.

O chefe observou o Guardião atentamente, parecia já o conhecer de algum lugar...

– Acho que já o conheço, não?

– Sim! Já fui um dos seus escravos! Mas hoje trabalho para a Lei! E por ela fui enviado para resgatar a um ser que está preso aqui!

O Chefe gargalhou.

– Só porque é um Ser de Luz e trabalha para a Lei, acha que tem o direito de vir aqui levar um dos meus?! – em seguida, tentou se aproximar do Guardião. Os outros trevosos fizeram o mesmo.

Todos os aliados do Guardião ficaram atentos. Caso fosse preciso, iriam fazer uso da força da Lei, usando suas armas de proteção.

O Guardião já estava com suas espadas em mãos. Ele direcionou uma delas para o chefe.

– Não estamos aqui para afrontar você e nenhum dos seus, mas, se der mais um passo em minha direção, darei ordens para que meus aliados se protejam e eu farei o mesmo!... Acho melhor pensar no que irá fazer!

O chefe parou onde estava, e havia um motivo para isso... Além de sentir a energia que todos os aliados carregavam, pôde sentir a força que pairava das espadas do Guardião... A força do Cavaleiro das Almas.

Sentindo que algo poderia dar errado, o chefe ordenou aos seus:

– Não ataquem! – depois se dirigiu ao Guardião:

– Não precisamos entrar em conflito, Guardião! Peça aos seus aliados que baixem suas armas e os meus farão o mesmo! Em seguida, conversaremos.

– Meus aliados não subestimam as trevas! Muito menos eu! Se tivermos de conversar será com nossas armas em mãos!... A não ser que nos convença de outra forma!

O chefe ficou olhando nos olhos do Guardião, parecia se lembrar de todas as torturas que fizera contra ele e, como não sabia o que poderia acontecer, ordenou em alto tom aos seus:

– Abaixem essas armas e saiam daqui, miseráveis!!!...

– Pronto! Agora é apenas eu contra você e seus aliados!... Ainda acha que serei capaz de enfrentá-los?... Agora diga para seus aliados guardarem suas armas! – o chefe parecia estar temeroso.

– Já lhe disse que não subestimamos as trevas!... Fique tranquilo. Meus aliados não farão nada!... A menos que precisem se defender!

– Não será preciso... Diga logo o que quer!

– Já disse! Vim resgatar um ser que está preso aqui!

– De quem está falando?

– Se aceitar me seguir até onde ele está, mostrarei de quem estou falando.

Eles foram para o local onde Heitor estava preso, e, ao vê-lo, o chefe gargalhou:

– É desse imprestável que estava falando? – e novamente gargalhou. – Vai me desculpar, Guardião, mas, depois de ver todos esses seus aliados, jamais iria imaginar que escolheria esse aí para ser um dos seus!... Esse miserável não serve para mais nada! Se tivesse dito antes de quem se tratava, nem teria perdido meu tempo discutindo com você.

– Então, isso quer dizer que não terei problemas em levá-lo, não é mesmo?

– Pode levar! Duvido que esse peso morto lhe servirá para alguma coisa – disse o Chefe e, em seguida, ordenou que nenhum dos seus bloqueasse o caminho do Guardião.

Alguns dos aliados do Guardião ajudaram Heitor. Eles saíram daquela parte das trevas.

– Leve-o para o cemitério. Não podemos nos lançar com ele! Seu espírito pode não aguentar – pediu o Guardião a um dos seus.

O aliado do Guardião entendeu o recado, teria de fazer uma viagem de forma lenta, pois Heitor estava esgotado.

Ele o envolveu em sua capa e, usando da magia que nela continha, lançou-se de forma gradativa para o cemitério.

Assim que chegaram, Heitor foi levado para próximo do Cruzeiro das Almas. Ali estavam Joaquim e o Guardião do Cemitério.

Heitor estava esgotado, ficou deitado próximo ao Cruzeiro. Não conseguia manter seu espírito em pé.

– Ele já estava assim quando o encontraram? – era Joaquim quem perguntava ao Guardião.

– Sim! Foi esgotado a tal ponto que nem acorrentado estava!

– Deve ter sofrido nos últimos anos – disse Joaquim ajoelhando-se próximo a Heitor. – Filho, está me ouvindo?

Heitor apenas assentiu levemente com a cabeça.

– Sei que não consegue falar por estar esgotado, mas mesmo assim preciso fazer uma pergunta e gostaria de receber sua resposta... Deseja a cura de seu espírito?

Heitor não conseguiu responder com palavras, mas suas lágrimas foram o suficiente para que Joaquim entendesse que aquele ser estava arrependido de tudo o que havia feito e já não aguentava mais aquele sofrimento.

– Vou tentar fazer algo para ajudá-lo, mas de nada adiantará se não tiver fé! – disse Joaquim.

Heitor ainda chorava, e naquele momento Joaquim entrou em seu mental e pôde ouvi-lo se dirigir ao nosso Ser supremo: "Senhor! Sei que cometi erros imperdoáveis e que não sou digno de me dirigir a ti. Mas se esse senhor que está ao meu lado tem o poder da cura, peço encarecidamente que use dessas mãos para o alívio de meu espírito!... Não aguento mais passar por tudo isso, Senhor!" – e continuou a chorar.

Certo do que fazer, Joaquim direcionou uma de suas mãos para o Cruzeiro das Almas e a outra para Heitor e, mentalizando o Orixá da cura, clamou pela cura daquele espírito.

Pouco tempo depois, Heitor dava sinais de estar revigorando-se.

– Como se sente, meu amigo? – era o Guardião quem perguntava para Heitor.

– Como sempre! Um assassino desvirtuado! – respondeu Heitor. Ele estava de joelhos e cabisbaixo.

– Se quiser mudar sua caminhada, procure mudar sua forma de pensar! – era Joaquim quem falava. – Seu passado não irá mudar! Ficar se martirizando por algo que não tem solução é tolice!... Procure desde já ocultar o passado!... Levante-se, filho.

– Eu agradeço suas palavras e por ter revigorado meu espírito, senhor. Mas tenho ciência de tudo o que fiz quando estive na carne.... Fui um assassino sem escrúpulos! Dezenas de pessoas morreram por minhas ordens!

– Diga-me uma coisa, Heitor... Pediu perdão a Deus enquanto ainda estava esgotado, não pediu?

– Sim! Também pedi pela cura de meu espírito.

– Se Ele não o tivesse perdoado, acha que estaria aqui falando comigo?... Não fui eu quem curou seu espírito! Foi Deus, por intermédio de sua fé! Se Ele já o perdoou, por que ficar se martirizando por algo que já aconteceu?... Precisa começar a mudar seus pensamentos!

– Compreendi, senhor. Mas como vou esquecer algo que está preso em meu mental há mais de dois séculos? Pessoas inocentes morreram por minhas ordens! Pior do que isso, meu pai também foi morto! Eu fui o culpado! – Heitor estava começando a entrar em desespero.

– Acalme-se! Se entrar em desespero, não conseguiremos ajudá-lo!

Heitor não conseguia acalmar-se e, percebendo isso, Joaquim chamou o Guardião para distante dele.

– Guardião, sabe o que aconteceu quando Heitor esteve em vida para deixá-lo nesse estado?

– Até onde me lembro, Heitor disse que foi um juiz. Afirmou que sempre agiu de forma justa, mas, depois de não ter seu amor correspondido, começou a agir de forma insana... Seu pai não aceitava sua relação com uma mulher.

– Compreendi. Vamos tentar falar com ele.

Eles voltaram para próximo de Heitor.

– Está mais calmo, Heitor? – perguntou Joaquim.

Heitor ficou em silêncio.

– Se há algo que aflige seu espírito, estou à disposição para escutá-lo. Quem sabe assim não encontremos palavras para aliviá-lo.

– Mesmo que tenha palavras, não vou conseguir esquecer o que fiz, senhor.

– Isso só você pode saber. Eu, em seu lugar, tentaria.

Heitor sentiu muita confiança em Joaquim e por isso narrou toda a vida que teve na carne. Seu amor por Clarice, a correspondência desse amor por algum tempo, a insistência de seu pai contra aquela relação, o desencanto no amor, as mortes que ceifou e, inclusive, o plano em que seu pai fora morto.

Joaquim ouviu tudo com atenção e, ao final, assim como o padre que ouvira a mesma narrativa, Joaquim também ficou desconfiado; parecia saber dos motivos para que o pai impedisse aquela relação entre Heitor e Clarice.

– Deixe-me ver se entendi, Heitor... Você disse que se apaixonou por Clarice e ela retribuiu esse amor... Estou certo?

– Sim!

– No começo, seus pais estavam felizes, mas de uma hora para outra seu pai mudou sua decisão, não queria que aquela relação seguisse. Depois disso, você tomou a decisão de sair de sua casa para morar em outro lugar com Clarice. No começo, Clarice havia aceitado sua ideia, mas, tempos depois, também mudou sua decisão... Estou certo em minhas palavras?

– Sim! Meu pai achava que Clarice era uma meretriz! Eu não aceitei isso! E, como não via outra saída, tomei essa decisão... Mas ela desistiu – lamentou.

– Ele afirmou que Clarice realmente era uma meretriz? – Joaquim parecia já saber o que havia acontecido.

– Mais ou menos. Às vezes, eu sentia que ele dizia mesmo não querendo... Mas o réu que contratei confirmou! Ele viu Clarice com dois homens. Um era seu companheiro.

– E o outro?

– Não sei ao certo, senhor, mas, pelo que pude entender, era meu pai.

– E, em razão disso, você achou que Clarice realmente era uma meretriz e que seu pai era um dos homens que pagavam para tê-la como mulher... Estou certo?

– Confesso que cheguei a pensar isso, senhor, mas, quando cheguei a essa conclusão, já era tarde... meu pai já estava morto! Eu só queira poder pedir perdão a todos eles, por tudo o que fiz – Heitor lamentou com seus olhos banhados em lágrimas.

Joaquim já podia imaginar o futuro de Heitor, mas da forma como se encontrava estava claro que não iria conseguir evoluir sem que soubesse o verdadeiro motivo de tudo o que ocorrera.

Joaquim até que tentou mudar seus pensamentos, mas era em vão. Heitor estava angustiado, e o fato de saber que seu pai e Clarice foram mortos por causa de seu plano ainda o atormentava. Queria a qualquer custo pedir perdão pelo que fez.

– Eu agradeço vossas palavras, senhor, mas sinto que não vou ficar em paz comigo mesmo enquanto não conseguir pedir perdão pelo que fiz... E se os espíritos deles ficaram perdidos e foram pegos por trevosos? – Heitor novamente começou a entrar em desespero.

Joaquim não sabia para a onde foram direcionados os espíritos do pai de Heitor e Clarice, mas sabia com quem poderia contar para descobrir.

– Acalme-se! Creio que, para essa pergunta, tenhamos a resposta. Acredito também que talvez consigamos descobrir o que houve em seu passado.

– O senhor sabe para onde foram enviados o espíritos de meu pai e de Clarice? – Heitor perguntou aflito.

– Não! Mas acho que talvez possamos descobrir.

– Como, senhor?

– Primeiro preciso saber... Independentemente de para onde foram encaminhados, terá de fazer o máximo para manter seu equilíbrio, afinal não foi à toa que foi resgatado pelo Guardião... Precisaremos de você em breve! Além disso, dependendo do que for visto, talvez precisemos de ordens superiores para que tudo possa chegar ao seu conhecimento.

– Tudo bem, senhor! Mas... Será que eles foram enviados para as trevas? É isso o que está querendo dizer?

– Eu não sei para onde foram enviados, mas, caso estejam pagando débitos, não há o que possamos fazer, a não ser aguardar ordens superiores.

Heitor refletiu...

– Tudo bem, senhor. Não podemos nos impor contra a Lei. Se devemos, temos de pagar.

– Sábias palavras!... E então?... Vai manter seu equilíbrio caso saiba que ainda estão em débito?

– Dou-lhe minha palavra, senhor!

– Bem, creio que posso confiar em suas palavras... Acredito que o Guardião possa nos ajudar... em parte – em seguida se dirigiu ao Guardião:

– Posso contar com sua ajuda?

– Se Heitor estiver de acordo, posso tentar ajudar. – disse o Guardião.

– Mas como vão ajudar-me? – perguntou Heitor.

– O Guardião tem o dom de voltar ao passado. Se tiver sua permissão, tentará voltar e ver o que aconteceu com seu pai e Clarice.

Heitor não pensou duas vezes.

– Claro! Tem minha permissão! – disse ao Guardião. – É só dizer o que preciso fazer!

Como Joaquim desconfiava do que havia acontecido, chamou o Guardião para outro canto e orientou:

– Guardião, sei que não pode guardar contigo o passado de ninguém, mas neste caso, sugiro que não conte a Heitor o que verás. Assim que soubermos de tudo, veremos qual a melhor forma para contarmos a ele.

– Estou de acordo – disse o Guardião do Cemitério.

Eles voltaram para junto de Heitor.

– E então, Guardião, o que preciso fazer para que você possa tentar livrar-me desse carma que me acompanha desde minha vida na carne? – perguntou Heitor.

– Preciso que tente esvaziar seu mental e que se mantenha de forma serena. Vou tentar voltar em seu passado e ver quem era seu pai. Depois, preciso estar no lugar onde tudo aconteceu... Ainda se lembra onde é?

– Claro, Guardião! Ainda conheço os caminhos.

– Ótimo!... Quanto mais tranquilo estiver, melhor será para que eu possa entrar em seu passado.

Heitor fez conforme orientado.

– Muito bem. Agora, mantenha-se sereno – pediu o Guardião.

O Guardião olhou fixamente nos olhos de Heitor. Segundos depois começou a entrar em seu passado. Regrediu rapidamente até o tempo em que Heitor ainda era um jovem e, ao ver seus pais, voltou para seus dias atuais.

– Muito bem, meu amigo. Agora preciso estar no lugar onde tudo aconteceu... Acha que consegue lançar-se até lá?

– Creio que sim. Sinto meu espírito revigorado! – afirmou Heitor.

Heitor e o Guardião lançaram-se rapidamente até o pequeno vale onde houve a triste tragédia.

– Foi bem ali, Guardião! Tudo está diferente, mas tenho certeza de que os corpos estavam ali, pois foi naquele local que vi sangue!

– Ótimo! Espere aqui!

O Guardião começou a caminhar pelo local, estava concentrado. Em poucos segundos, tudo começou a ficar diferente no lugar onde eles estavam, mas somente aos olhos do Guardião. As casas e comércios deram lugar a um antigo vale, e próximo apareceu uma pequena nascente de água. O Guardião acabara de voltar ao passado.

Ele regrediu de forma rápida até avistar o pai de Heitor e, assim que o avistou, começou a segui-lo.

O Guardião viu que o pai de Heitor parecia esperar alguém. Pouco tempo depois chegou uma mulher, mas o Guardião viu que não era a mãe de Heitor. Avançando um pouco no tempo, viu que o pai de Heitor ia quase que de forma constante ao encontro daquela mulher. Também viu que, às vezes, ela ia naquele mesmo vale com outro homem; juntos, iam ao encontro do pai de Heitor.

O Guardião precisava descobrir quem era aquela mulher, então decidiu regredir rapidamente seguindo-a, até que chegou na época onde tudo havia acontecido.

O Guardião viu o dia em que Heitor e Clarice se encontraram pela primeira vez. Naquele momento, o Guardião já sabia que Clarice e a mulher que se encontrava com o pai de Heitor eram a mesma pessoa. Avançando um pouco no tempo e seguindo Heitor, o Guardião viu que os pais de Heitor estavam felizes com aquela união, mas depois que seu pai o seguiu sem que Heitor soubesse e viu quem era Clarice, ele começou a agir de forma estranha.

O Guardião avançou um pouco mais e viu o dia em que Heitor confessou a seus pais que iria dar um jeito para sair de casa e morar com Clarice. Nesse dia, notou que seu pai entrou em fúria com tal decisão. Por isso, o Guardião também começou a desconfiar do que havia acontecido.

Avançando um pouco mais, o Guardião percebeu que o pai de Heitor teve alguns encontros com Clarice e, em um desses, de forma triste, o pai de Heitor disse algo que deixou Clarice abismada. Depois de mais algumas explicações, entretanto, ela também estava certa de que não poderia se casar com Heitor.

Assim que ouviu a conversa entre eles, o Guardião pôde entender o drama que o pai de Heitor passou.

Por fim, o Guardião avançou até o dia em que foram mortos Clarice, seu companheiro e o pai de Heitor, e, naquele mesmo dia, viu que socorristas espirituais ficaram próximos, até que aqueles espíritos se desligassem de seus corpos.

Depois de tudo o que viu e ouviu, o Guardião estava certo sobre o que havia acontecido.

Assim que voltou do passado, sem demora, o Guardião chamou Heitor e lançaram-se de volta ao cemitério. Assim que chegaram, o Guardião foi sozinho para um canto.

– O que ele tem, senhor? – perguntou Heitor para Joaquim.

– Não é fácil para o Guardião voltar ao passado! Isso faz com que seu espírito fique esgotado – afirmou Joaquim. – Fique aqui. Vou ao seu encontro....

Joaquim foi ao encontro do Guardião.

– Está bem, filho? – Joaquim perguntou ao Guardião.

– Sim! – afirmou o Guardião. – Já estou acostumado com isso. Por isso voltei rapidamente. Precisava recuperar minha vitalidade.

– Ótimo!... Viu algo que possa ajudar Heitor?

– Sim.

Durante algum tempo, o Guardião disse a Joaquim tudo o que viu e ouviu.

– Era o que eu imaginava – disse Joaquim. – Venha. Vamos falar com ele...

Ao se aproximarem, Heitor se dirigiu ao Guardião:

– Peço desculpas. Não sabia que meu passado faria isso com seu espírito, Guardião.

– Fique tranquilo, meu amigo. Já estou acostumado com essas perdas de energia. E também já sei como me restabelecer.

– Bem, como eu havia dito, não podemos lhe dizer o que houve, até porque não podemos fazer nada sem a outorga de Deus – disse Joaquim.

– Tudo bem, senhor. Vou esperar o momento certo. Mas... meu pai, Clarice e o companheiro dela, estão bem?

– Bem, pelo que pude ouvir do Guardião, eles foram resgatados por socorristas espirituais... Creio que estejam bem... Se ainda estiverem em espírito.

– Como assim, senhor? – Heitor perguntou aflito.

— Estou dizendo isso porque, até onde pude entender, sua vida na carne foi no século XVII. Se levarmos em consideração o tempo terrestre, passaram-se muitos anos! Não sabemos onde podem estar seus espíritos. É possível que tenham voltado à carne e tenham passado por um novo desencarne... Mas isso são apenas especulações. Não podemos nos precipitar... Vou ver o que posso fazer – disse Joaquim e começou a caminhar para um portal próximo ao Cruzeiro das Almas.

— Ele vai embora? – perguntou Heitor ao Guardião do Cemitério.

— Sim, mas voltará! Fique tranquilo.

Heitor ficou no cemitério. Quando o Guardião precisava sair para alguma missão, deixava alguns de seus aliados protegendo-o.

Alguns dias depois, um portal abriu-se próximo ao Cruzeiro das Almas. Era noite, Joaquim saiu e foi ao encontro de Heitor.

Heitor estava com alguns aliados do Guardião. Joaquim saudou a todos e, em seguida, perguntou:

— O Guardião está em missão?

— Sim! – afirmou um dos aliados do Guardião do Cemitério. – Está em uma casa de caridade. Logo estará de volta.

Depois de algum tempo, o Guardião voltou de mais uma missão.

— Salve vossa sagrada presença, senhor!

— Receba meus cumprimentos também, Guardião. Venha, preciso falar com você e Heitor...

Heitor não fazia ideia do que iria ouvir, estava aflito, mas mesmo assim seguiu Joaquim.

— Bem, talvez o que irá escutar pode não lhe agradar, filho. Infelizmente não podemos lhe contar o que houve. E existe uma explicação para isso... Seu pai e Clarice não reencarnaram! Ainda vivem no plano espiritual! Porém, o companheiro de Clarice voltou a viver na carne e, até onde pude ver, ele está bem.

– Fico feliz em saber que o companheiro de Clarice está bem... O senhor falou com meu pai e Clarice?! – Heitor perguntou a Joaquim.

– Não. Mas fui informado que estão em algum lugar no plano acima e, como existem chamadas para que os Seres de Luz sejam encaminhados, não sei ao certo onde estão... Mas acalme-se... Creio que exista uma forma de fazer com que tenha contato com eles e é por isso que não podemos lhe contar. Acredito que, assim como você, seu pai e Clarice também estavam aflitos por não poderem dizer a verdade. E, se eu estiver certo quanto a isso, creio que ainda carregam esse sentimento em seus espíritos.

– Mas meu pai e Clarice não devem nada a mim! Eu que fui o culpado de tudo!

– Pode até ser. Mas, mesmo assim, ainda acho que eles queiram dar explicações que, por algum motivo, não podiam fazê-lo quando ainda estavam na carne.

– Mas como irei falar com eles, senhor? Estão no plano acima!

– Quando temos fé, não há distância que não possamos percorrer com nosso mental para estarmos próximos do que desejamos... Você tem fé, filho? – Joaquim perguntou de forma direta a Heitor.

Heitor chorou. Sabia que podia confiar em Joaquim. "Esse senhor sabe o que está falando. Ele curou meu espírito", Heitor pensou e continuou a chorar.

– Não é preciso que responda, filho – disse Joaquim amparando Heitor. – Suas lágrimas são o suficiente para responder minha pergunta.

Em seguida, Joaquim se dirigiu ao Guardião:

– Posso levar Heitor por algum tempo, Guardião? Acredito que ele possa saber a verdade de tudo. Se não acontecer hoje, tentaremos outro dia.

– Claro que pode levá-lo, senhor!

– Ótimo. Assim que tudo for esclarecido, eu o trarei de volta.

O Reencontro.
A Verdade Revelada

Joaquim levou Heitor para um lugar distante do cemitério. Ainda era noite quando chegaram.

– Por que estamos aqui, próximo a essa cascata, senhor?

– Cascatas é onde vibra a força do amor e, como não sei se os espíritos de seu pai e de Clarice estão preparados para sentir a vibração de um cemitério, creio que aqui seja o melhor lugar para que tente fazer contato com eles. Caso isso aconteça, acredito que possa sentir alívio em seu espírito.

– Compreendi... Mas onde eles estão?

– Em seu mental! – afirmou Joaquim.

– Em meu mental? Como assim?

– Lembra-se do que lhe disse?... Quando temos fé, não há distância que não possamos percorrer com nosso mental para estarmos próximos do que desejamos... Esse é o seu momento... Busque-os, Heitor!

Heitor refletiu.

– Preciso fazer uma prece pedindo perdão?

– Se é isso o que sente em seu espírito... Siga seus desejos!

– Mas não sei como fazer uma prece, senhor! Quando na carne, agi como um desequilibrado durante anos! Tirei vidas de pessoas inocentes! E, mesmo depois de estar ciente de que estava vivendo em espírito, continuei a fazer o mal!... Não sei como me dirigir ao que habita acima, depois de tudo o que fiz!

– Está falando de Deus?... Em nosso mundo espiritual não temos problemas em mencionar esse nome.

– Sim... Estou falando de Deus.

– Pois saiba que, se continuar a vibrar de forma negativa, nunca conseguirá ocultar o passado! Creio que tudo o que fez de errado, de certa forma, tenha sido pago durante os anos em que ficou preso sofrendo esgotamento em seu espírito. Também creio que você não será mais julgado por seus atos passados, mas, sim, por suas escolhas e atos futuros.

– O senhor acha que... Deus ouvirá minha prece?

– Não sei! Eu em seu lugar só teria essa resposta tentando – disse Joaquim e começou a caminhar afastando-se de Heitor.

Joaquim não sabia ao certo se sua ideia daria certo, mas sabia exatamente o que estava fazendo. A prece é umas das formas de nos aproximarmos de alguém que desejamos, seja esse um ser encarnado ou em espírito. Afinal, não a usamos para nos aproximar de Deus?

Heitor não sabia ao certo o que fazer. Como Joaquim estava distante, decidiu seguir o que sentia em seu espírito. Ele se ajoelhou, levou seus pensamentos anos atrás quando ainda estava na carne, mas não conseguiu fazer sua prece, apenas chorava lembrando-se do pai e do amor que sentia por Clarice. Em seu mental trouxe lembranças boas, sentia que elas faziam bem a seu espírito e assim Heitor permaneceu durante algum tempo.

Algum tempo depois, Heitor ainda se lembrava das coisas boas de seu passado. Não soube precisar se ficou ali por minutos ou horas, mas, assim que deixou as lembranças, chorou compulsivamente e, olhando para o céu, pediu:

– Perdoem-me, pai e Clarice!... Espero que algum dia eu possa sentir o perdão de vocês em meu espírito – e continuou a chorar.

Heitor ainda estava ajoelhado, chorava, quando sentiu em seu espírito um sentimento de paz que havia anos não sentia. Algo parecia envolver seu corpo espiritual naquele momento; sentiu que suas palavras foram ouvidas e, ainda chorando, olhou para o céu e agradeceu.

– Sinto a presença de vocês! Sinto paz em meu espírito!... Obrigado por me concederem o perdão! – e ficou a chorar cabisbaixo.

Ainda chorando, Heitor ouviu:

– E quem lhe disse que temos ódio de você, meu filho?

Heitor achou que aquela voz estava em seu mental, mas se enganou. Era seu pai quem falava. Ele e Clarice emanavam sentimentos bons sob seu espírito durante seus pensamentos.

– Olá, Heitor!

– Clarice?!... É você?! – Heitor perguntou espantado olhando para os lados.

– Só terá sua resposta se olhar para trás!

Heitor se levantou rapidamente e, ao virar para trás, pôde ver dois seres iluminados. Suas vestes eram brancas... Eles sorriam.

– Pai!! Clarice!! – Heitor caiu em prantos de forma desesperadora. – Perdoem-me por favor!! Eu imploro!! – pediu de joelhos.

– Acalme-se, meu filho! Por favor! Não guardamos rancor pelo que aconteceu! Afinal, tive minha parcela de culpa para que tudo terminasse daquela forma!

– Acalme-se, Heitor! – pediu Clarice. – Precisamos pôr algumas conversas em dia. Por isso estamos aqui. Ouvimos seus pensamentos.

Aos poucos, Heitor ia acalmando-se, mas ainda demonstrava estar muito triste e, ao notar isso, Clarice ajoelhou-se, pegou em uma das mãos de Heitor e direcionou a outra para o peito dele.

Heitor sentiu uma irradiação muito forte, um sentimento que, até aquele momento, só pôde sentir quando esteve em vida na carne.

– Por que fez isso, Clarice?! Por que, mesmo depois da morte, faz com que eu sinta seu amor por mim?! – Heitor perguntou sem nada entender.

– Porque eu ainda o amo, Heitor! E sempre hei de amá-lo!

– Mas por que isso agora, Clarice?! Por que não me concedeu seu amor quando podia?!

– Porque nós não podíamos ficar juntos, meu amor.

Heitor ficou cabisbaixo...

– Não fale assim, por favor, Clarice! Se não podia me conceder seu amor na carne, não o faça agora! Eu lhe suplico!

– Mas quem disse que eu não posso lhe conceder amor em espírito, Heitor? – Clarice perguntou e novamente irradiou sob Heitor.

– O que está fazendo?! – perguntou Heitor.

– Demostrando meu amor por você – Clarice sorriu. – Peço desculpas, Heitor. Eu não podia retribuir seu amor da forma que esperava.

– Não compreendo!... Por que não podia?

– Levante-se, meu filho – pediu o pai de Heitor. – Preciso dizer-lhe algo.

O pai de Heitor ficou em silêncio por um tempo, parecia ter algo preso há séculos, mas teve forças para continuar....

– Bem, acho que não é segredo para você o fato de eu ter ido ao encontro de Clarice para impedir aquela união... ou não desconfiou disso?

– Não, meu pai. Não é segredo para mim... Só não queria acreditar no que acontecia para que o senhor fosse contra nossa união.

– Bem, meu filho. Se acha que era porque eu disse que Clarice era uma meretriz, posso lhe afirmar... Clarice nunca foi!

– Então, o senhor e Clarice eram...

– Também não, meu filho! Clarice nunca foi como uma segunda mulher para mim. Mas, assim como eu amava sua mãe, também amava Clarice, e ainda a amo!... Mas é um amor diferente, entre uma e outra.

– Não compreendo, meu pai! Se o que sentia por Clarice não era um amor de casal, então por que o senhor ficava em fúria sempre que eu dizia que queria me casar com ela?

– Porque vocês não podiam se casar! E eu estava certo disso! Por isso disse ter minha parcela de culpa!

– Não compreendo, meu pai.

– Vou explicar...

Pouco antes de conhecer sua mãe, fui apaixonado por outra mulher. Tivemos pouco contato, pois mudei de cidade muitas vezes. Assim que voltei, conheci sua mãe, casamo-nos e logo tivemos você. Sempre fui muito feliz ao lado de sua mãe, meu filho, e nunca havia pensado em outra mulher... Até voltar a ver mulher por quem me apaixonei um dia... Isso, anos depois de você ter nascido... Nós achávamos que poderíamos ser bons amigos e começamos a nos encontrar. Isso fez com que cometêssemos um grave erro, meu filho... Bem, na verdade, eu cometi um erro, pois aquela mulher não era casada!... Eu subestimei os desejos da carne, achei que podíamos continuar nos encontrando e que nada iria acontecer. Mas um dia o sentimento que eu tinha por ela começou a brotar dentro de mim e, junto a ele, também veio o desejo da carne!

– Pai!... – Heitor estava pasmo. – Está querendo dizer que...

– Sim, meu filho. Infelizmente entreguei-me aos desejos da carne e tive uma segunda mulher por algum tempo e dessa...

O pai de Heitor não conseguiu finalizar. Sentia-se preso ao revelar a verdade.

Heitor não estava acreditando no que vinha em seu mental.

– Seja mais claro, por favor, meu pai!!

– Bem, meu filho, e dessa relação fora do meu casamento tive uma filha!

Heitor pasmou-se mais ainda. Olhou para Clarice. Era como se não acreditasse no que ouvia.

– Pai!!... – assim como o pai sentia-se preso ao revelar, Heitor também não conseguia perguntar o que vinha em seu mental.

Então, Clarice resolveu intervir...

– Consegue entender agora, quando eu disse ainda em vida na carne que o amava, porém de outra forma, meu querido irmão? – disse Clarice e sorriu para Heitor.

Ao mesmo tempo em que tudo fazia sentido, Heitor parecia estar confuso.

– Por acaso estão tentando aliviar a dor em meu espírito?! Podem dizer a verdade! Sei que cometi um erro!

– Pode ter cometido, meu filho, mas eu também cometi! Fiquei com medo de dizer a verdade a você. Não sabia como iria reagir!... E se deixasse de ter afeto por mim? Além disso, não queria ferir o coração de sua mãe. Ela ficaria arrasada com minha traição!... Espero que me perdoe, meu filho – o pai de Heitor tinha seus olhos banhados em lágrimas.

– Heitor – era Clarice quem falava –, não estamos mentindo. Lembra-se de quando planejou comprar um lar para que fôssemos morar juntos?

– Sim! Você até concordou! Se sabia de tudo, por que não disse antes?!

– Eu não sabia, Heitor! Quando nosso pai ficou sabendo que iríamos morar juntos, não teve alternativa a não ser me dizer a verdade! Eu não sabia que ele tinha outra família!

– Então, era por isso que às vezes o senhor dizia que viajaria a negócios? Ficava junto de Clarice?

– Sim, meu filho. Às vezes, eu viajava, mas também arrumava um tempo para ficar ao lado de Clarice... Sofri muito com isso! Minha mente acusava-me constantemente! Não sabia como dizer a verdade! Quando soube que você sairia de casa para se casar, não tive outra escolha, fui ao encontro de Clarice e contei toda a verdade. Ela também entrou em choque! Não acreditava que havia se apaixonado pelo próprio irmão. Eu estava apavorado, não sabia qual seria sua reação e a de sua mãe ao saber a verdade e, como eu estava aflito, comprei uma casa distante de onde Clarice morava... Ela apenas aceitou mudar-se porque viu meu desespero... Essa foi a única forma que encontrei para evitar que minha traição viesse à tona! Mas agora tudo está esclarecido, mesmo que seja tarde... Você não tem ideia de quanto isso atormentava meu espírito, Heitor!... Peço perdão, meu filho!

Heitor não sabia no que pensar, mas aos poucos foi aceitando aquela verdade.

– Não, meu pai! Eu que peço perdão! O que o senhor fez não justifica tudo o que cometi de errado... Fiquei obcecado por um amor que não podia ser correspondido – lamentou.

Joaquim se aproximou...

– Bem, acho que isso explica a ligação mútua e o amor que sentiram quando se conheceram, não é mesmo, Heitor?

De forma triste, Heitor assentiu levemente com a cabeça.

– Não fique se martirizando por isso, filho – era Joaquim quem falava. – O amor é uma das dádivas de Deus e, se Ele nos concedeu esse lindo sentimento, quem somos nós para julgar o que aconteceu entre você e Clarice? Você não errou em amá-la! Só agiu por impulso por algo profundo que sentia em seu coração. E não cabe a mim nem a ninguém condená-lo por isso, até porque o julgamento só pertence ao nosso Criador Maior! E, mesmo que ache que seja tarde, preciso orientá-lo... Às vezes, quando temos dificuldade em conquistar algo que desejamos, precisamos parar e analisar a situação. Em alguns casos, precisamos observar com os olhos da razão, pois os da emoção podem nos pregar peças.... Não esqueça essas palavras, filho – Joaquim parecia prever algo que aconteceria anos depois.

Foram poucas as palavras de Joaquim, mas suficientes para confortar Heitor...

– Obrigado pelas palavras, senhor... Pai, Clarice, esse é o senhor Joaquim. Ele ajudou-me a ter fé para acreditar que podia me aproximar de vocês. Além disso, revigorou meu espírito depois que fui resgatado.

– Não fui eu quem revigorou seu espírito, Heitor!... Foi sua fé! Fui apenas um instrumento para que pudesse receber a força do Orixá da cura!

– Senhor Joaquim, agradeço por ter ajudado meu filho. Sinceramente, não sei o que seria dele se não fosse resgatado... Eu orava pedindo por seu espírito! Desejava de alguma forma que encontrasse a luz!

– Não tenho dúvidas quanto a isso. Mas, graças ao nosso Grande Criador e à fé de Heitor, agora tudo foi esclarecido – disse Joaquim. Em seguida se dirigiu a Heitor:

– Espero que não guarde mágoas de seu pai, filho. Não estou aqui para julgar ninguém, todos nós cometemos erros e, assim como eu paguei por atos errados que cometi, creio que você também pagou, e acredito que, de alguma forma, seu pai também tenha pagado, e isso prova que nosso Ser Supremo é capaz de nos perdoar... Se ele é capaz... Quem somos nós para guardar rancor de outros?... O perdão alivia a alma, mesmo que achemos que esse não seja necessário.

As palavras de Joaquim de alguma forma tocaram em cada um dos que ali estavam, pois, naquele momento, Heitor, seu pai e Clarice se abraçaram. O perdão estava em seus espíritos, e de forma recíproca todos se perdoaram.

– Obrigado por nós orientar, senhor – agradeceu o pai de Heitor.

– Só fiz o que deveria ser feito.

– Mesmo assim, eu agradeço.

Em seguida se dirigiu a Heitor:

– Bem, meu filho, creio que tudo foi esclarecido. Agora precisamos partir.

– Voltarei a vê-los, meu pai?

– Sinceramente não sei, meu filho. Mas de uma coisa tenho certeza: de onde estivermos, estaremos olhando e pedindo por você!

– Eu acredito nisso, meu pai.

Heitor aproximou-se de Clarice e, com seus olhos banhados em lágrimas, pegou em suas mãos.

– Clarice, gostaria que partisse sabendo que nunca deixei de amá-la, mas agora meu amor é diferente!... Minha irmã!

Clarice não respondeu. Apenas chorou e abraçou Heitor.

– Senhor Joaquim, mais uma vez eu lhe agradeço – disse o pai de Heitor.

– Sou grato por suas palavras. E também agradeço por terem escutado o clamor de Heitor.

Um portal se abriu próximo de onde estavam. Clarice e seu pai partiram para sua egrégora espiritual. Joaquim e Heitor voltaram para o cemitério.

– Bem, Guardião, tudo foi esclarecido – era Joaquim quem falava. – Creio que possamos seguir com o que foi outorgado... Posso contar com sua ajuda?

– Farei o que for possível para ajudar Heitor, senhor.

– Fico feliz em saber. Leve-o para algumas missões. Mostre para Heitor o que na verdade é um Exu Guardião e qual a finalidade dessa grandiosa força! Assim que tivermos permissão, alguém virá para fazer com que Heitor seja apresentado.

Assim que Joaquim partiu, o Guardião invocou alguns de seus aliados.

– Salve, companheiros! Esse é Heitor. Há pouco foi resgatado. Ficará entre nós até que a Lei decida para onde será encaminhado!

Heitor ficou abismado ao ver os aliados do Guardião. Todos com suas capas e suas armas de proteção em mãos. Alguns tinham sua face coberta, outros transmitiam medo apenas na forma de olhar... Mas todos estavam regidos por uma das Forças Divinas e trabalhavam para a Lei.

– Não precisa se preocupar, meu amigo – era o Guardião quem falava. – Eles já foram trevosos. Por isso carregam essa feição. Mas hoje são Guardiões de Lei!

– Confesso que não ficaria bem, se não me dissesse essas palavras, Guardião.

– Muitos já sentiram a mesma coisa. Fique tranquilo... Sairá comigo esta noite. Terá uma missão... Acredito que seja bom para sua evolução.

Heitor assentiu concordando com o que ouvira.

O Guardião já sabia para onde iria levar Heitor. Não estava combinado, mas o Guardião sabia que poderia contar com a ajuda de um aliado.

Evoluindo
ao Lado dos Exus Guardiões

Naquela noite, o Guardião deixou um de seus aliados a tomar conta do cemitério e seguiu para missão. Era em um Templo de caridade e o Guardião já era conhecido pelas forças que tomavam conta daquele Templo.

Ao se aproximarem, dois Guardiões que faziam a proteção daquele Templo religioso saudaram o Guardião do Cemitério. Em seguida, um deles perguntou:

– Quem é o desconhecido, Guardião?

– Salve, companheiros! Foi resgatado há pouco. Recebi orientações para mostrar-lhe o que é e como trabalha um Exu!

– O desconhecido poderá entrar, contanto que siga as orientações e respeite as regras da casa! – disse um dos Guardiões que estava na porteira. E, olhando de forma séria, dirigiu-se a Heitor. – Compreendeu?!

– Sim – respondeu Heitor meio temeroso. – O Guardião já havia me deixado ciente quanto a isso, senhores Guardiões.

Assim que entraram, Heitor foi levado direto para a tronqueira... Ele seria apresentado ao Exu Chefe daquele templo.

– Boa noite, companheiro! – era o Guardião quem saudava o Exu Chefe do Templo.

– Boa noite, Guardião do Cemitério!... Quem é o desconhecido ao seu lado?

– Estava preso, meu amigo. Foi resgatado. Preciso mostrar-lhe qual o trabalho de um Exu e, como já conheço sua forma de trabalhar, resolvi trazê-lo aqui.

O Exu Chefe do Templo ficou olhando de forma séria para Heitor, que não sentia nada além de medo.

– Não precisa ficar com medo! – era o Exu Chefe quem falava. – Se veio para somar, iremos ajudar! Agora, se veio para trazer vibrações negativas... Eu mesmo o expulsarei deste Templo!... Fui claro?! – perguntou de forma séria olhando nos olhos de Heitor.

– Não vim para atrapalhar, senhor Exu Chefe! Se eu fizer isso, sei que posso voltar para o lugar onde fiquei preso. Não quero mais ter de ficar naquele lugar horrível! Aquilo não é vida para ninguém!

O Exu Chefe continuou olhando com, seriedade para Heitor e, em seguida, perguntou:

– Por acaso, foi orientado quando esteve na carne para não trilhar caminhos errados?

– Sim, senhor Exu. Muitas vezes!

– Por acaso, algum Ser de Luz o direcionou para as trevas?

– Não! Eu mesmo trilhei os caminhos!

– Pois, então, meu caro!... Aquilo é lugar de quem procura! – o Exu era firme em sua forma de falar. – Deus nos dá o direito de escolha, mas, se temos esse direito, temos a obrigação de arcar com as consequências!... Estou errado?!

– Não, senhor.

– Então, não reclame do que você mesmo buscou! Se foi parar naquele lugar, é porque merecia! E, se está aqui, é porque já pagou e está recebendo oportunidade de evoluir!... Está disposto a isso?

Heitor não sabia ao certo o que era uma evolução, mas estava certo em não querer trilhar os caminhos errados.

– Como disse antes, não quero mais seguir aqueles caminhos. Quero ocultar tudo o que aconteceu. Não sei bem o que é evolução, mas sinto que posso confiar no Guardião do Cemitério. E, se ele me trouxe aqui, é porque posso confiar no senhor também... Estou disposto, senhor Exu!

– Muito bem. Esperem aqui! Logo, o responsável pelas consultas iniciará a corrente. Preciso orientá-lo!

Quando tudo estava pronto, o Exu Chefe chamou o Guardião e Heitor.

Havia algumas pessoas naquele Templo, além dos filhos que ajudavam os Guias espirituais. O cômodo era pequeno, mas mesmo assim o curandeiro não media esforços para atender a todos.

Durante a corrente, Heitor resolveu tirar algumas dúvidas:

– Posso fazer uma pergunta, Guardião?

– A mim não! Pergunte para o Exu Chefe – disse o Guardião o Cemitério em sinal de respeito pelo Templo.

– Tudo bem – concordou Heitor. Em seguida, dirigiu-se ao Exu Chefe do Templo: – Senhor Exu, aquele ao lado do curandeiro é outro Exu, certo?

– Sim.

– O que ele faz ali?

– Está protegendo o corpo físico e espiritual do curandeiro enquanto aquele sábio senhor em espírito atende aos que aqui estão!... O curandeiro não pode ficar desamparado quando está atendendo essas pessoas!... Venha, vamos olhar os que estão na fila.

O Exu Chefe orientou Heitor.

– Vá até o final da fila. Veja se encontra algo de errado em algumas dessas pessoas.

O Exu sabia que entre aquelas pessoas havia uma que precisava de ajuda. Ela já fora ao Templo outras vezes, mas em razão do sofrimento estava com pouca fé.

Heitor seguiu a orientação. Enquanto caminhava, observava os que estavam na fila e pedia ajuda em seu mental, pois ainda tinha medo de voltar para o lugar onde ficara preso por anos.

Algum tempo depois, Heitor notou algo de estranho em uma das pessoas que estavam na fila. Era em uma jovem que estava sofrendo em consequência de uma demanda negativa. E isso só podia ser visto por quem tinha o dom de ver algo espiritual ou por alguém que estivesse em espírito.

Como já imaginava do que se tratava, Heitor foi falar com o Exu Chefe da casa.

– Senhor Exu!, pode vir comigo? Tem algo estranho em uma jovem na fila!

Eles se aproximaram da jovem.

– Veja. Ela tem uma estaca presa em suas costas! Está indo em direção ao seu coração.

– E sabe quem é o responsável por isso? – perguntou o Exu Chefe.

– Posso imaginar. É possível que um espírito caído esteja irradiando de forma negativa contra ela a mando de um trevoso. Se o senhor permitir, posso tentar ver onde está a raiz disso.

– Consegue ir até a raiz do problema? É possível que se esgote! Além disso, você não tem nenhuma arma de proteção concedida pela Lei! Mesmo que consiga criar alguma arma, pode não ser o bastante!... A escolha é sua! – falou com ar de dúvida o Exu Chefe do Templo.

– Posso tentar, senhor Exu. Não me importo se meu espírito for esgotado! Pelo que pude sentir, essa jovem não merece passar por isso... Não preciso de armas! Se realmente for algum espírito que está agindo a mando de um trevoso, posso tentar dialogar. Eles são usados pelos mais espertos para esses tipos de trabalho! Alguns aceitam fazer esse tipo de trabalho em troca de essências que alimentem seus espíritos!

– Bem, já que pensa assim... Faça o que achar melhor – outorgou o Exu Chefe e, em seguida, foi ao encontro do Guardião do Cemitério.

– Tenho que confessar, Guardião. Se conseguir fazer com que ele evolua, teremos um ótimo aliado à esquerda!... Mas ele ainda precisa pensar antes de agir... Fique atento, Guardião!

– Sim. Estou atento, meu amigo... Também acredito que teremos um grande aliado... Não foi à toa que ele fora escolhido pelo trono do Senhor do Fogo.

Heitor continuou ao lado da jovem e observava aquela estaca em suas costas; sabia que era uma demanda negativa, mas, como ela estava com pouca fé, o curandeiro não conseguia ajudá-la... A vontade que Heitor tinha em mudar seus caminhos era maior... Ele iria fazer de tudo para ajudar o curandeiro a tirar aquela demanda.

Passaram-se aproximadamente duas horas, todas as pessoas já haviam ido embora, apenas a jovem que estava sob demanda ficou no Templo, além de alguns filhos da casa.

O curandeiro estava sentado; ao seu lado, além de estar um Exu para protegê-lo, havia também um espírito de um velho sábio que vivera como escravo em sua última vida na carne. Seu nome... Pai Guiné.

Por intermédio do curandeiro, Pai Guiné pediu para que chamassem a jovem.

– Salve, filha! Abençoada seja em nome de Deus Pai!... Como está sua fé, minha filha? – perguntou Pai Guiné.

– Não aguento mais, meu Pai! Por favor!... Ajude-me! – implorou chorando aquela jovem.

– Preto vai fazer o que for possível, mas preciso que filha ajude... Precisa ter fé!

– Peço desculpas, meu Pai! Confesso que não acreditava, mas agora sei que não existe outra cura, a não ser a espiritual... Veja – ela abriu uma sacola que continha garrafas de marafo. – Trouxe essas bebidas. Sonhei duas vezes com elas. Senti que deveria trazê-las.

– Já está começando a ouvir vossa intuição! Muito sábio de sua parte, filha!

– Obrigada, Pai Guiné! – agradeceu a jovem.

Certo de como iria ajudar aquela jovem, Pai Guiné começou a orientar o curandeiro em seu mental.

– Chame alguma filha da casa para ajudar... Agora, peça para que molhe as ervas na água... Peça para banhar as costas dessa jovem na direção do coração... Abra as garrafas, filha – Pai Guiné pediu para a jovem que estava sob demanda. – Sirva o marafo e deixe-o ao lado da porta – apontou para a tronqueira.

Enquanto Pai Guiné orientava a jovem por intermédio do curandeiro, Heitor observava, tentava de alguma forma ver quem demandava contra ela.

Pouco tempo depois, Heitor pôde ver uma linha negativa ligada ao espírito daquela jovem, pôde sentir de onde vinha a vibração.

Heitor foi ao encontro do Exu Chefe...

– Senhor Exu! Pude sentir a energia! Sei como ir até a raiz! Só preciso seguir a vibração daquela linha negativa!... Estou certo de que algum ser está vibrando contra ela!

– Está certo disso? – perguntou o Exu Chefe do Templo.

– Sim! Estou!

– Mesmo desarmado, vai tentar ajudar essa jovem? – perguntou novamente com ar de dúvida o Exu chefe.

– Sim! Posso convencê-lo a parar!

Mesmo sem ser outorgado e sem armas da Lei, Heitor lançou-se como na velocidade da luz. Seguiu a vibração da linha que estava ligada ao espírito da jovem para chegar à raiz do problema.

Ainda no Templo, enquanto o curandeiro fazia o ritual para ajudar aquela jovem, Pai Guiné se aproximou do Guardião e do Exu Chefe.

– Ele tem muita vontade em ajudar! – falava de Heitor. – Mas precisa aprender a não agir por impulso!... Peço que fiquem atentos, senhores Guardiões!

Distante do Templo...

Em poucos segundos, Heitor já estava próximo à raiz do problema. O lugar era estranho, ali fora feito um trabalho de forma negativa contra aquela jovem, e, ao lado, estava um espírito que havia deixado a carne há pouco tempo. Não era um trevoso, mas estava caminhando para ser... Seu nome quando em vida na carne era Inácio. Ele irradiava contra a jovem, em troca receberia parte do que fora ofertado.

Heitor foi à direção de Inácio e o indagou:

– Por que está fazendo isso?! – perguntou Heitor. – Sabe que está agindo de forma errada, não sabe?!

– Não é da sua conta, seu imbecil!! Não devo satisfações a você!! – respondeu Inácio.

– Aquela jovem está sofrendo! Ela não merece isso! Se estiver sendo obrigado a demandar contra ela, pare agora! – Heitor ordenou.

– Serei muito bem pago por isso! Acha mesmo que vou parar tão fácil assim?!... Se eu fosse você, iria embora agora mesmo, antes que chegue quem me ordenou! – Inácio alertou Heitor.

Já era tarde. Mesmo que Heitor quisesse ir embora, não conseguiria. O trevoso que havia ordenado para que tomasse conta daquela demanda já estava próximo a eles, e ao seu lado havia mais quatro.

– O que quer aqui, seu maldito!!! – gritou um deles com Heitor.

Heitor pôde sentir o que iria lhe acontecer... Mas, mesmo assim, não desistiu.

– Ele não pode fazer isso! Uma jovem está sofrendo por causa disso!

– Fomos pagos para fazer isso, seu idiota!!... Vamos!! Vá embora!! Antes que eu acabe com o que resta nesse seu maldito espírito!!

– Podem fazer o que quiserem! Vim aqui para ajudar aquela jovem e não vou embora enquanto não o fizer!

Heitor não se importava com mais nada. Queria a qualquer custo ser visto pela Lei como um espírito que não servia mais às trevas... Mas ele cometeu um erro. Quando fora um trevoso, chegou a orientar o Guardião do Cemitério a nunca subestimar os das trevas, e ele mesmo o fez. Além disso, esqueceu-se do conselho de Joaquim... Heitor olhou aquela situação com os olhos da emoção... Agiu por impulso.

Mas Heitor nem teve tempo de pensar nisso. Os trevosos agiram muito rápido.

– Capturem esse miserável!! – ordenou um deles. – Ele será nosso escravo!!

Para Heitor, era o fim. Assim sentiu, pois os trevosos já estavam indo em sua direção. Além de força em seus espíritos, estavam com suas armas e Heitor não tinha nada para se defender além de palavras... Mas sentia que seria inútil, era apenas ele contra todos os trevosos. E, vendo que nada poderia fazer, ajoelhou-se para entregar-se ao seu "destino".

Os trevosos estavam certos de que iriam levar Heitor, mas, quando estavam a poucos passos de capturá-lo, foram impedidos.

– Afastem-se agora!! Se derem mais um passo, sentirão a força de minhas espadas em seus espíritos!! – era o Guardião do Cemitério quem ordenava.

Sim, o Guardião seguiu a mesma vibração que Heitor seguiu, pois, além de estar atento, fora orientado por Pai Guiné.

– Vamos!! Afastem-se!! Não forcem para que eu use o poder que existe em minhas espadas! Se eu usar, não me responsabilizo pelo que irá acontecer! – o Guardião alertou olhando de forma séria para todos, mas seus pensamentos estavam em outros lugares.

– Acha mesmo que será capaz de nos enfrentar?! – desdenhou um deles. – Esse aí ao seu lado não tem forças para nada!... Você está sozinho!! – e gargalhou.

– Não afirme o que seus olhos não podem ver!... Afastem-se! É o último aviso! – alertou o Guardião. Porém, seus pensamentos ainda estavam em outros lugares... Ele mentalizava seus aliados e o local onde estava.

Os trevosos não deram ouvidos e começaram a caminhar em direção ao Guardião.

Certo de como deveria agir, o Guardião se ajoelhou, ergueu suas espadas e, usando toda sua força de espírito, cravou as duas no solo.

Os trevosos pararam no mesmo instante. Viram que atrás do Guardião surgiram dezenas de aliados. Alguns deles tinham o dom de ir de um lugar para outro apenas em um piscar de olhos. Todos estavam empunhados de suas armas de proteção. Alguns empunham respeito apenas na forma de olhar.

O Guardião levantou-se, apanhou suas espadas e direcionou uma delas para os trevosos.

– O aviso foi dado, mas não escutaram!... Mesmo assim, ainda darei a vocês duas escolhas!... Podem mudar suas decisões e irem embora! Mas, caso escolham ficar, darei ordens para que meus aliados protejam esse ser ao meu lado!... Façam suas escolhas, senhores!

Somente Inácio ficou no local. Ele não conseguiu fugir. Havia um aliado do Guardião ao seu lado.

O Guardião agradeceu seus aliados. Todos voltaram para seus pontos de força.

– Você virá comigo! – ordenou o Guardião a Inácio.

Inácio fora levado para o Templo.

– Aqui está ele, companheiro! – falou o Guardião do Cemitério ao Exu Chefe.

Falava de Inácio... ele estava preso pelas correntes do Guardião.

– Ele é seu, Guardião! Tem minha permissão para ordenar esse miserável! – outorgou o Exu Chefe.

O Guardião levou Inácio até a jovem. Ela estava de joelhos pedindo por sua cura.

– Está vendo essa jovem que clama por ajuda?! – era o Guardião do Cemitério quem perguntava a Inácio. – Está vendo essa mancha em seu espírito?!... Isso é o resultado de sua ação, miserável!... Vamos!! Ajoelhe-se e desfaça!! – ordenou o Guardião.

– Mas serei punido se fizer isso! Eles me ordenaram! – Inácio estava apavorado. – Eles disseram que iriam alimentar meu vício se fizesse isso!

– De qualquer forma será punido! Mas, se desfizer, talvez seu sofrimento seja menor... Vamos!... Desfaça!... Retire sua vibração dela! Ou farei com que sinta minha espada em seu espírito! – o Guardião ordenou direcionando sua espada para o pescoço de Inácio.

– Por favor, senhor Guardião! Serei punido por eles se fizer isso!

O Guardião cravou uma de suas espadas no pescoço de Inácio.

– Vamos!! Desfaça!! Retire sua vibração dela!! – ordenou.

Não tendo saída, com aquela espada em seu pescoço e sentindo o poder que nela continha, Inácio ajoelhou-se, direcionou suas mãos para a jovem e, mesmo sentindo seu espírito atingido pela força da espada, começou a desfazer sua demanda.

Minutos depois, Inácio estava fraco. Por causa da força da espada que irradiava em seu espírito, caiu ao solo... Mas nem por isso os Guardiões iriam desistir de ajudar aquela jovem.

O Guardião do Cemitério tirou sua espada do pescoço de Inácio, puxou as correntes e fez com que ele ficasse de joelhos, enquanto a jovem ainda fazia preces pedindo por sua cura.

– E, então, meu amigo – era o Guardião do Cemitério quem falava –, vai colaborar dizendo por que demandava contra essa jovem para sabermos como podemos ajudá-la, ou prefere que eu volte para onde você estava e veja com meus próprios olhos o que fora feito?... E pode ter certeza!... Farei questão de ver tudo com riqueza de detalhes!... A escolha é sua!

– Não é preciso, senhor Guardião! Contarei toda a verdade – disse Inácio, amedrontado.

Inácio contou toda a verdade aos Guardiões. Que fora direcionado para aceitar aquela oferta negativa para demandar contra a Jovem, e, em troca, seu espírito seria alimentado.

– Essa é a verdade, senhores Guardiões! Inclusive, tive de ficar indo até a casa da pessoa que ofertou! E, assim que ela enterrou as vestes dessa jovem, comecei a irradiar contra ela! – disse um tanto arrependido.

Depois de ouvir aquela narrativa, o Exu Chefe do Templo aproximou-se de Inácio e perguntou:

– Já desfez?

– Sim – Inácio respondeu ainda de joelhos olhando para baixo.

O Exu Chefe viu que Inácio não carregava tanta maldade em seu espírito. Então, a fim de ajudá-lo a mudar seus caminhos, foi até a porta da tronqueira, direcionou sua mão esquerda para os marafos que a jovem havia levado como oferenda, puxou a essência que ali continha, voltou e disse a Inácio:

– Pegue, miserável! – cedeu a ele um pouco da essência do marafo que a jovem ofertou. – Não seja estúpido! Não precisa ficar aceitando ofertas para fazer o mal! Aceite para fazer o bem!... Agora, como você sabe onde mora quem enterrou as vestes dessa jovem, vá e o oriente para que desfaça o que foi enterrado! – ordenou.

Em seguida, pediu para um dos Exus sentinelas que faziam a proteção da entrada do templo:

– Acompanhe esse miserável até que seja desfeita a magia!

Inácio não pensou duas vezes. Rapidamente, lançou-se para o lugar onde morava a pessoa que havia feito aquele ritual e, de forma desesperadora com um Exu de Lei ao seu lado, entrou no mental daquela pessoa pedindo para que desfizesse.

Depois de aproximadamente uma hora, a que havia feito o ritual tomou uma decisão e foi até o local onde havia ofertada a demanda contra a jovem. E, nitidamente arrependida, desenterrou tudo o que ali estava, desfez e pediu perdão pelo que havia feito.

– Viu como não é difícil fazer o bem, seu estúpido! – era o Exu que estava ao lado quem falava com Inácio. – Pense em suas escolhas! Procure novos caminhos! Eu, em seu lugar, não iria gostar de ficar preso pagando por meus erros!... É só um alerta.... Agora vá embora!

Inácio deu alguns passos, em seguida olhou para o Exu que ali estava e disse:

– Senhor Guardião, peço desculpas pelo que fiz!... Eu não via outros caminhos, a não ser este no qual estou.

– Pense em suas escolhas!... Nunca é tarde para fazer o bem! – afirmou o Exu e lançou-se para longe dali.

No Templo, Heitor estava cabisbaixo. Sabia que havia cometido um erro.

– Peço desculpas, Guardião, e obrigado por ir em meu auxílio.

– Cometeu um erro, meu amigo! Você mesmo ensinou-me que não devemos subestimar os trevosos... E o fez?

– Sei disso, Guardião. Mas eu precisava ajudar essa jovem! Não sei o porquê, mas voltei a não gostar de injustiça.

– Muito simples... Deixou de andar pelos caminhos errados! Sua essência da carne voltou a pairar em seu espírito. Na verdade, ela sempre esteve aí, mas...

– Sim... Mas eu não me preocupava mais com o que era certo ou errado.

– Exatamente!

Naquele momento, a jovem estava deitada em uma esteira de palha. Um manto branco cobria seu corpo e, ao seu lado, estavam o curandeiro e sua companheira... Eles faziam preces em nome da jovem.

Preocupado com a jovem, Heitor se dirigiu ao Pai Guiné.

– Ela está bem, senhor? Parece não estar respirando.

– Sim, filho. Ela está bem... Venha... Vamos nos aproximar da jovem.... Agora, olhe para seu espírito... Ainda vê a mancha próxima ao seu coração?

– Não, senhor. Não vejo mais.

– Isso mesmo. Nesse momento seu espírito está em repouso. O Orixá da cura está irradiando. Ela teve fé e a magia foi desfeita, e isso aconteceu porque ela não merecia aquela força. Mas, além disso, não posso deixar de dizer... A cura não teria acontecido se não fosse sua vontade em ajudar, filho! Fez uma escolha sábia ao decidir ajudar, porém foi tolo quando decidiu ir sozinho!... Você não estava preparado! Ainda não carrega a força de um Orixá Maior! E pior... Tinha apenas palavras para se defender... Um guerreiro nunca vai à batalha sem suas armas de proteção!

– Peço desculpas, senhor. Só quis ajudar aquela jovem... Não gosto mais de injustiça!

– Não tenho dúvidas quanto a isso. Posso sentir em seu espírito. – disse Pai Guiné e deu um lindo sorriso para Heitor.

O Exu Chefe do Templo aproximou-se de Heitor...

– Não posso negar que fez a escolha certa quando decidiu ajudar essa jovem. Mas também não posso deixar de dizer que foi um inconsequente!

– Peço desculpas ao senhor, também, Exu. Deveria ter pensado antes de agir!

– Tome cuidado! Não adianta ter boas ideias e agir com estupidez!... Precisa estar preparado e protegido quando for agir!

– Ficarei atento, senhor Exu.

– É o que esperamos.

Passou-se algum tempo. Além de ajudar o Exu daquele Templo de caridade, Heitor auxiliou em outros, sempre orientado por um Exu de Lei ou pelo próprio Guardião do Cemitério. Em trabalhos de demanda, Heitor sabia exatamente o que fazer. Quando conseguia enxergar a raiz do problema, pedia permissão para o Guardião ou para o Exu Chefe do Templo em que estavam. E, acompanhado, lançava-se para desfazer a demanda.

Heitor assim agiu durante tempos e, sem que soubesse, eliminava de forma gradativa todas as mazelas que estavam em seu espírito.

Porém, Heitor não ficaria para sempre agindo por orientações alheias. Chegaria o dia em que teria de agir por si mesmo, tomar suas decisões dentro da Lei. Para que isso acontecesse, teria de estar regido por uma das forças divinas a fim de que pudesse tornar-se um Guardião... E esse dia estava prestes a chegar.

Heitor não tinha ideia do que iria acontecer, mas o Guardião do Cemitério e Joaquim sabiam... Heitor fora escolhido pelo Senhor da Justiça, Orixá que rege os mistérios do fogo.

Regido pelo Senhor do Fogo e da Justiça

Tempos depois de estar agindo na Lei junto a outros Guardiões e ajudando em Templos religiosos, Heitor estava prestes a ser apresentado.

Ele estava no cemitério junto ao Guardião, quando receberam a visita de Joaquim.

– Salve vossa sagrada presença, senhor! – era o Guardião do Cemitério quem saudava a Joaquim.

– Salve, Guardião! Obrigado.

Em seguida se dirigiu a Heitor:

– Como está, filho?

– Muito bem, senhor... Eu saúdo vossa presença.

– Obrigado, Heitor... Como está sua evolução, filho?

– Acredito que o Guardião seja o melhor ser para responder a essa pergunta, senhor.

– Não tenho muito a dizer – era o Guardião do Cemitério quem falava. – Mas posso afirmar que, durante todo o tempo em que ficou ao meu lado ou dos meus aliados, Heitor agiu de forma correta! Em casas de caridade trabalhava com coerência, sempre sendo orientado por Seres de Luz, tanto da direita como da esquerda. Em trabalhos de demanda, sabia a hora certa de agir, pedia ajuda quando sentia que precisava!... Chegou até a desfazer demandas que nós mesmo achávamos que não iria conseguir!... Heitor está preparado para ser um Guardião, senhor!

– Não tenho dúvidas quanto às suas palavras, Guardião. Além disso, posso afirmar que sinto grande evolução no espírito desse ser ao seu lado!

– Eu agradeço vossas palavras, senhor. E também agradeço as suas, Guardião – agradeceu Heitor.

– Não agradeça a mim, filho. Agradeça ao Criador por ter lhe concedido a oportunidade de evoluir.

– Sou grato a ele também, senhor.

– Fico feliz em ouvir suas palavras, senhores, e, já que o Guardião está certo de sua evolução, precisamos seguir com o que nos foi outorgado... Filho, preciso levá-lo até a presença daquele que será o responsável por sua coroa.

– Responsável por minha coroa? – Heitor tinha feição de dúvida.

– Isso mesmo. Chega um momento em que todos os que vão trabalhar agindo na lei precisam antes ser apresentados a uma das Forças Divinas! Conhecimento, você já tem, mas precisa de mais! Vontade em ajudar, também tem, mas precisa tomar suas próprias decisões, ter suas armas de proteção e seu ponto de força... Se bem que tenho quase certeza de onde irá ficar. Além disso, acredito que está certo de não mais querer trilhar pelos caminhos errados.

– Isso nem passa em meu mental, senhor! Pode ter certeza!

– Não tenho dúvidas quanto a isso, filho, tanto que aquele que irá reger sua coroa pediu para que prosseguíssemos. Por isso estou aqui. Assim que eu tiver a confirmação do dia, voltarei para deixá-los cientes.

Alguns dias depois, Joaquim voltou ao cemitério. Era noite, Heitor não estava, pois acompanhava outros Guardiões. Mesmo assim, Joaquim deixou os detalhes com o Guardião do Cemitério.

Assim que Heitor chegou, o Guardião se dirigiu a ele.

– Como está, companheiro?

– Bem, Guardião. Só não suporto ver esses trevosos agindo fora da Lei!

– Esse é um direito de escolha de cada ser, meu amigo. Não podemos interferir!

– Estou ciente disso, Guardião... Mas a essência da carne paira constantemente em meu espírito!

– Isso é normal. Muitos dos que trabalham na esquerda carregam em seus espíritos a essência da carne... Agora vamos... Preciso levá-lo até um local.

– Onde seria, Guardião?

– No ponto de força de quem irá reger sua coroa.

Eles lançaram-se rapidamente. Em poucos segundos já estavam no lugar indicado por Joaquim.

– Agora precisamos esperar – disse o Guardião do Cemitério.

– Serei apresentado em uma pedreira, Guardião?

– Aqui é onde tudo começará! O que vem depois só será de seu conhecimento e de quem o regerá!

Algum tempo depois, abriu-se um portal próximo à pedreira. Joaquim saiu e foi ao encontro de Heitor e do Guardião.

– É chegada a hora, filho! Vim para finalizar uma parte da missão que foi outorgada. Mas, antes de iniciarmos, preciso orientá-lo... Mantenha seu equilíbrio! Tudo o que irá acontecer já está acordado com a lei de Deus. Além do que, também temos a outorga dele para que seja apresentado... Não duvide do que irá ver, talvez veja coisas permitidas apenas aos seus olhos. Logo, não cabe a mim explicar, até porque poderá ser um mistério entre você e o Orixá que irá reger sua coroa... Compreendeu?

Heitor assentiu com a cabeça confirmando que havia entendido.

– Venha... Vamos para o centro da pedreira.

Ao chegarem, um portal abriu-se diante de Heitor.

– Este é o seu momento, filho... Feche seus olhos... Ainda me escuta, Heitor?

– Sim, senhor Joaquim! Também posso sentir sua presença ao meu lado.

– Muito bem. Antes, gostaria de dizer algumas palavras... É gratificante para mim poder fazer isso! Apresentar um ser a uma Força Divina. Mas mais gratificante é saber que você fora escolhido por essa força e, se isso aconteceu, é porque merecia, caso contrário, não teríamos outorga para tal iniciação.

– Obrigado pelas palavras, senhor – Heitor agradeceu ainda com seus olhos fechados.

– Não por isso, filho... Agora, dê um passo em direção ao portal... E não duvide de seu mental.

Heitor deu um passo em direção ao portal. Naquele momento, sentiu algo tomando seu espírito. "Só pode ser a energia que existe dentro desse portal", pensou.

– Já estou aqui dentro do portal, senhor. O que faço agora?

– Não abra seus olhos! Espere ser outorgado!

Joaquim iniciou um canto saudando a força do Orixá responsável por aquele ponto de força, e, durante a louvação, Heitor começou a sentir novas energias. Ele não sabia o que era, muito menos o que iria acontecer e também não entendia o canto, mas tinha certeza de que podia acreditar... Confiava em Joaquim e no grande amigo Guardião.

"Em algumas iniciações, alguns Guias de Luz entoam cantos em Yorubá, justamente para que o ser que está sendo apresentado não saiba quem o regerá, fazendo assim com que se entreguem ao momento... Mas, no caso de Heitor, Joaquim não tinha dúvidas quanto à força que deveria saudar naquela pedreira."

Joaquim saudava a força do Orixá ali presente. Heitor ainda estava com seus olhos fechados, quando começou a sentir seu espírito aquecer a ponto de não poder aguentar. Mesmo assim continuou confiante, mas com certo medo.

– Senhor!... Estou com medo! Nunca senti isso antes!

– Confie, filho! Não receberá nada do que não lhe pertence. Ficarei aqui ao seu lado até que tudo tenha terminado. O Guardião também ficará!

Heitor continuou a sentir a energia em seu espírito; ainda de olhos fechados chorava, em seu mental agradecia a Deus por estar ali, por ter sido resgatado, ter a chance de seguir novos caminhos. Enfim, o choro de Heitor deixava nítido seu arrependimento e o desejo de continuar seguindo os caminhos em que estava.

Algum tempo depois, Heitor ainda chorava... Suas lágrimas foram o suficiente para que a força ali presente se apresentasse de alguma forma.

– Está me ouvindo? – uma voz desconhecida se dirigiu a Heitor.

– Sim! – respondeu Heitor. – Sua voz está diferente, senhor Joaquim!

– Abra seus olhos! – ordenou a voz desconhecida.

Assim que abriu seus olhos, Heitor não avistou Joaquim nem o Guardião. Também viu que não estava mais nas pedreiras.

À sua frente não via nada, além de chamas e um ser desconhecido.

– Não vejo o senhor nem o Guardião, Joaquim!... Onde estão?

– Estamos próximos! Confie!

– Não vejo nada além de chamas e alguém desconhecido do outro lado, senhor!

– Faz ideia de quem seja?

– Não, senhor!

– Então, você tem duas escolhas... Atravesse as chamas para ver quem é ou dê um passo para trás para sair da vibração que toma seu espírito.

– Não quero sair, senhor! Mas preciso ser sincero... Estou com medo!

Isso não foi a primeira vez que aconteceu. Joaquim já havia visto outros sentindo o mesmo quando foram apresentados e, para ele, era normal a reação de Heitor, afinal ele estava sendo apresentado à força do Orixá da Justiça, e Joaquim só deu aquelas escolhas para ver quanto era a fé de Heitor... Ele provou além do que Joaquim esperava.

Como Joaquim sabia que o destino de Heitor já estava traçado pelo próprio Orixá ali presente, pensou em algo que talvez pudesse ajudá-lo.

Joaquim continuou com a louvação e, no transcorrer dela, em seu mental, pedia para que os Seres de Luz de alguma forma ajudassem, para que Heitor tivesse coragem de seguir. Também pedia em sua prece a presença de alguém que talvez pudesse encorajar Heitor... Não. Joaquim não sabia se daria certo... Mas aquele sábio sabia que só teria a resposta tentando.

Ainda em prece, Joaquim se dirigiu a Heitor:

– Filho! Lembra-se do que lhe disse próximo à cascata antes de saber a verdade sobre o que havia acontecido em sua vida na carne?

– Sobre termos fé?

– Exatamente!

– Sim! Disse que não há distância que possamos percorrer em nosso mental para estarmos próximos do que desejamos!

– Isso mesmo! E você fez, conseguindo assim encontrar a paz em seu espírito... Por que não tenta fazer o mesmo? Creio que alguém em seu passado possa ajudá-lo.

Mesmo não entendendo totalmente o que Joaquim disse, Heitor buscou em seu mental suas melhores lembranças. Sua mãe, seu pai, sua irmã Clarice, enfim, procurou se lembrar de todos aqueles momentos, sentia que faziam bem ao seu espírito... E assim pensou durante um tempo.

Sem saber o que iria acontecer, Heitor fez uma prece pedindo ajuda dos Seres de Luz, para que o medo deixasse seu espírito.

Após ouvir as preces de Joaquim e de Heitor, um Ser de Luz se aproximou e pediu para ajudar. Joaquim consentiu e o Ser entrou na mesma vibração que Heitor estava.

– Por que o medo, meu filho?

Heitor reconheceu a voz. Parecia estar há anos em seu mental.

Ao olhar para o lado, Heitor sentiu algo profundo em seu espírito. Parecia não acreditar no que via. À sua frente estava um ser todo iluminado, suas vestes eram brancas e carregava em seu espírito uma ternura que Heitor só sentira quando esteve na carne.

– Mãe?!! – Heitor ficou estagnado.

– Olá, meu filho! – Sua mãe deu um lindo sorriso. Sua feição era de paz.

– Mãe!! Perdoe-me, por favor!!

– Acalme-se, meu filho! Não vim aqui para perdoá-lo, até porque já lhe concedi meu perdão há muito tempo!... Não iria conseguir evoluir com mágoas em meu espírito.

– A senhora sabe da verdade?

– Sim. Mas só fiquei sabendo depois do meu desencarne. Seu pai e sua irmã Clarice vieram à minha procura e disseram a verdade. Hoje, todos estamos bem, não carregamos mágoas pelo que houve e estou aqui para lhe dizer que durante anos pedimos por sua evolução, meu filho, e esse dia chegou! E, se está com medo de algo, peço a você, amado filho, tenha fé! Acredite na evolução de seu espírito! Não deixe que seja em vão tudo o que passou e fez até hoje!

Joaquim não estava errado. A presença da mãe de Heitor fez com que elevasse sua fé, mas também fez com que chorasse, quando fora envolvido por seus braços.

– Obrigado por vir, minha mãe! – Heitor ainda chorava envolvido nos braços de sua mãe. – Obrigado por conceder seu perdão, mesmo não dizendo.

Sim, o perdão de sua mãe ajudou Heitor. Realmente, ela não disse, mas, ao abraçá-lo, deixou a certeza em seu espírito.

– Agora vá, meu filho! Sinto que terá uma linda missão! – disse ela com lágrimas em seus olhos e partiu para sua egrégora espiritual.

Heitor já não tinha mais dúvidas do que iria fazer, o medo deu lugar à coragem; além da confiança em Joaquim e no Guardião, tinha o perdão de seus familiares e isso ajudou para que sua fé aumentasse.

Heitor virou-se para as chamas à sua frente e seguiu em direção ao ser que já o esperava. A cada passo sentia a energia aumentar em seu espírito, era como se as chamas o envolvessem a todo momento.

O ser que estava do outro lado apenas olhava fixamente para os olhos de Heitor. Ele esperava até que se aproximasse.

Assim que Heitor se aproximou, o que estava do outro lado das chamas ordenou que Heitor parasse.

Heitor parou e, seguindo o que sentia em seu espírito, ajoelhou-se e saudou a força ali presente.

Ciente do que acontecia, Joaquim pediu para Heitor abrir seus olhos.

Ainda curvado, Heitor viu algo que somente tempos depois foi entender... Até onde seus olhos podiam ver, viu o que parecia ser um trono. O ser que nele estava tinha feição muito séria, chegava a transmitir medo. Em suas mãos segurava o que parecia ser um cajado em chamas.

Heitor não sabia o que fazer...

– Vejo um ser iluminado, senhor! Não consigo descrevê-lo, mas posso ver que sua feição é muito séria!... Vou ao seu encontro? – perguntou a Joaquim.

– Espere! Esse é o Senhor do Fogo, filho!... Vê mais alguém além dele?

– Sim! Ele está ao lado do Senhor do Fogo! Também não consigo ver sua face! Está coberta por uma túnica em chamas!

– É o mensageiro do Senhor do Fogo!... Fique onde está! Ele irá até você.

O mensageiro caminhou até Heitor e pediu:

– Levante-se.

– Senhor, se me permite, gostaria de permanecer desta forma diante de ti e da presença do Senhor do Fogo.

O mensageiro consentiu e prosseguiu.

– Sabe por que está aqui?

– Não ao certo, senhor. Mas estou certo em querer ajudar dentro da Lei! Não quero mais sentir o sofrimento em meu espírito por causa dos meus erros cometidos!

– O que fez com seu passado? – o mensageiro tinha uma voz firme. Fazia as perguntas de forma séria.

– Está oculto, senhor! Meu passado sempre será o mesmo, mas posso garantir que está oculto!... Não quero cair em desequilíbrio!

– Está certo disso?

– Tem minha palavra, senhor!

– Muito bem... Agora, erga sua cabeça.

Ainda curvado, Heitor o fez. Distante ainda podia ver aquele que segurava um cajado em chamas, e sua frente estava o mensageiro.

– Agora, levante-se! – ordenou o mensageiro.

Heitor ficou ante o mensageiro, confessou que sentiu medo em seu espírito por ver a forma como o observava... Heitor só conseguia ver uma parte de sua face, sua túnica em chamas cobria todo o seu corpo espiritual.

– Olhe para aquele que está distante! – ordenou o mensageiro.

Heitor olhou para o Senhor do Fogo. Ele ainda segurava o cajado em chamas.

Naquele mesmo momento, o mensageiro direcionou suas mãos. Delas saíram chamas que tomaram todo corpo espiritual de Heitor.

Heitor sentiu uma energia muito forte, parecia estar recebendo uma força que não conseguiria carregar, mas permaneceu firme.

Assim que o mensageiro parou de irradiar fogo sobre seu espírito, Heitor curvou-se e o mensageiro explicou o que havia acontecido.

– Acaba de ser regido pela força do Senhor da Justiça, aquele que é detentor dos mistérios do fogo! A partir de hoje, carregará essa força em seu espírito e terá permissão para ajudar a outros, mesmo que estejam na carne ou em espírito, mas sua missão principal será a de proteger um Templo Sagrado e o portal que será ativo nesse Templo!... Em breve saberá onde... Enquanto estiver trabalhando de acordo com a Lei, estará regido pela força do Senhor da Justiça! Se agir fora da Lei, essa força deixará seu espírito e não tenha dúvidas de que será julgado por quem acaba de regê-lo! Quando estiver no Templo, será o Guardião; quando estiver em missão ajudando aos que estão na carne, usará o nome do trono à esquerda, se assim for permitido... Em breve será apresentado a esse trono também... Compreendeu tudo o que foi dito?

– Sim, senhor mensageiro.

– Muito bem. Agora olhe para minhas mãos.

O mensageiro novamente irradiou fogo, que foi na direção de Heitor, fazendo com que ele caísse perdendo seus sentidos.

Assim que recobrou seus sentidos, Heitor viu que estava de volta à pedreira.

– Levante-se, filho... Como se sente? – perguntou Joaquim.

– Não sei ao certo, senhor. Parece que sou outro.

– Você ainda é o mesmo ser. Está sentindo isso porque seu espírito foi renovado. Agora, além da essência que carregava na carne, carrega também a força do Senhor da Justiça!

– Não consegui vê-lo direito, senhor. Ele estava distante. Segurava um cajado tomado por fogo!... Por que isso aconteceu?

– Só posso responder com propriedade parte de suas dúvidas... Não conseguiu vê-lo direito por que as Forças Divinas se apresentam da forma que julgam ser necessária! Quanto às outras coisas que viu, nada posso afirmar, até porque não vi as mesmas coisas, mas pude sentir a energia daquele que é o responsável por esse ponto de força... E afirmo: assim como o Guardião do Cemitério e todos os outros Guardiões, não tenho dúvidas de que carrega grande força em seu espírito, filho! E, quanto ao cajado, creio que em breve terá a resposta.

– Compreendi... O senhor não entrou no portal junto a mim? Só consegui ouvir sua voz.

– E quem disse que você entrou pelo portal? – Joaquim perguntou e deu um leve sorriso para Heitor.

– O senhor disse para que eu desse um passo à frente. Achei que havia passado pelo portal.

– Sim, pedi para que desse um passo à frente, mas não disse que entraria pelo portal!... Tudo aconteceu aqui! Assim que deu o passo à frente, você entrou na vibração daquele que é o responsável por esse ponto de força. A partir desse momento, não sei o que viu, mas pude imaginar conforme ouvia essa parte de sua iniciação. Posso afirmar ter visto apenas um Ser de Luz... Sua mãe.

– Sim. Ela esteve ao meu lado – Heitor falou com lágrimas em seus olhos... – Fui levado para outro plano, senhor? – Heitor perguntou meio pasmo.

– Como eu disse, tudo aconteceu bem aqui... Não devemos subestimar as Forças Divinas, filho! – afirmou Joaquim e sorriu para Heitor.

O Guardião do Cemitério se aproximou de Heitor.

– Salve, companheiro! Confesso que em alguns momentos cheguei a subestimar sua evolução!... Mas você provou o contrário! Superou missões que achávamos que não iria conseguir, e hoje tenho certeza de que não foi em vão tudo o que fizemos para ajudá-lo!

— Obrigado por suas palavras, meu amigo. E tenha certeza: mesmo sem saber ao certo como será minha missão, farei de tudo para não desonrar o nome daquele por quem fui regido e para que meu resgate não tenha sido em vão!

— Bem, senhores — era Joaquim quem falava —, precisamos seguir com a iniciação. Heitor, ainda precisa ser apresentado a outro trono, filho. Esse é quem dará ou não outorga para usar seu nome! Logo, quando estiver em seu ponto de força no Templo em que será o responsável pelos trabalhos da esquerda, você será o Guardião do Templo. Quando estiver em missão ajudando a outros, acredito que terá permissão para usar o nome do trono ao qual será apresentado.

— O mensageiro disse essas mesmas palavras, senhor.

— Sim. Assim como eu, acredito que ele também tenha sido orientado pelo Senhor do Fogo.

— E quando será essa iniciação?

— O Guardião irá levá-lo hoje até o Templo dos Guardiões para que seja apresentado a um Exu maior, mas, antes, acredito que terá coisas a aprender... Bem, minha missão termina aqui. Não posso deixar de dizer que estou feliz com sua evolução, filho. Sinto-me honrado em poder participar de momentos como este, ainda mais quando vejo um ser que, depois de tudo o que passou, conseguiu reencontrar sua fé... Obrigado por acreditar, filho. — Joaquim tinha lágrimas em seus olhos.

Heitor aproximou-se e curvou-se diante de Joaquim.

— Sou grato por vossas palavras, senhor. Obrigado por tudo o que fez por mim. Serei eternamente grato!

— Levante-se, filho... Não agradeça a mim. Agradeça ao nosso Criador Maior e suas Forças Divinas. Fui apenas um instrumento para que tudo pudesse acontecer... Agora preciso partir. A nova crença religiosa já foi apresentada aos encarnados... Temos muito trabalho a fazer!

– Ainda nos veremos, senhor.

– Quem sabe. Assim como precisei da ajuda do Guardião do Cemitério, posso precisar da sua.

– Será uma honra poder ajudá-lo.

Ali mesmo nas pedreiras abriu-se um portal e Joaquim partiu para sua egrégora espiritual.

– Vamos, meu amigo. Sua iniciação ainda não terminou! – falou o Guardião do Cemitério.

No Templo dos Guardiões. A Iniciação Continua

Heitor e o Guardião lançaram-se rapidamente. Em pouco tempo já estavam próximos de onde terminaria a iniciação.

Ao chegarem, Heitor parecia estar deslumbrado com o que via. À sua frente observou o que parecia ser um palácio. Uma enorme porta era protegida por dois Guardiões que seguravam seus tridentes.

– Que lugar é este, Guardião?

– É o Templo dos Guardiões! Muitos de nós fomos iniciados aqui... Venha. Precisamos entrar.

– Aqueles Guardiões vão permitir minha entrada? Já fui barrado em outros Templos religiosos.

– Isso aconteceu quando você era um fora da lei, meu amigo. Esses Guardiões sabem que apenas os que foram direcionados por Seres de Luz vêm a este Templo... Vamos.

Ao chegarem à porta, os Guardiões tiraram seus tridentes.

– Salve, companheiros! – era o Guardião do Cemitério quem saudava os Guardiões.

Eles retribuíram o cumprimento e um deles saudou Heitor.

– Salve, Guardião iniciante! Seja bem-vindo ao nosso Templo!

Heitor assentiu com a cabeça saudando os Guardiões, em seguida ele e o Guardião adentraram ao Templo.

Ao entrarem, Heitor deparou-se com diversos Guardiões. Alguns com capas, outros com túnicas... Todos com suas armas de proteção em mãos.

Heitor ainda admirava tudo o que via, quando um dos Guardiões que estava naquele Templo se aproximou...

– Salve, Guardião do Cemitério!

– Salve, Guardião do Fogo!

– Este é o Guardião iniciante?

– Sim – respondeu o Guardião do Cemitério.

– Muito bem. Vou levá-lo para que termine sua iniciação... Obrigado por ajudar, Guardião do Cemitério!

– Eu que agradeço, companheiro.

Em seguida, o Guardião do Cemitério se dirigiu a Heitor.

– Agora preciso partir, meu amigo.

– Obrigado, Guardião. Serei sempre grato por tudo o que fez por mim!

– Essa também é minha missão!

– Voltarei a vê-lo, meu amigo?

– A menos que não queira ser um aliado nosso!

– Será uma honra ser mais um aliado seu, Guardião!

O Guardião assentiu com a cabeça, e, em seguida, voltou para o cemitério.

Quanto a Heitor, ficou na presença do Guardião do Fogo.

– Como está, Guardião iniciante?

– Estou bem, senhor Guardião do Fogo.

– Ótimo!... Vamos andando. Temos alguns trabalhos antes de você ser apresentado ao Exu Maior. Ele é quem finalizará sua iniciação!

Heitor ficou por algum tempo no Templo dos Guardiões, durante o qual era orientado pelo Guardião do Fogo. Aprendeu qual era o trabalho de um Guardião, em especial o seu; recebeu conhecimentos sobre e como os Guardiões do Fogo deveriam agir; recebeu poder do fogo; aprendeu a plasmar formas; enfim, tinha em seu poder tudo o que um Guardião da mesma falange possuía. Ao final desse aprendizado, Heitor foi chamado pelo Guardião do Fogo.

– Muito bem, Guardião iniciante! Creio que em breve estará pronto para seguir com sua missão.

– Obrigado, Guardião do Fogo. Sou grato por tudo o que ensinou a mim!

– Não fiz nada além do que fora ordenado pelo Exu Maior... Venha comigo.

Heitor foi levado até um lugar desconhecido. Ao adentrar, viu algumas vestes iguais às de outros Guardiões. Apenas alguns símbolos eram diferentes e, entre essas vestes, havia um cajado.

– Esse cajado parece ser o mesmo que estava com o Senhor do Fogo, Guardião. Pude vê-lo quando estava sendo iniciado nas pedreiras.

– Você está certo, Guardião iniciante... E é seu! Mas ainda não pode pegá-lo. Será entregue a você pelo Exu Maior!.. Mas as vestes, sim... Coloque-as.

Usando uma das magias que lhe fora ensinada, Heitor direcionou suas mãos e plasmou suas vestes. Por último, colocou sua capa. Ela cobria seu corpo espiritual quase que por completo.

– Vamos! Chegou o momento de finalizar sua iniciação. Será apresentado ao Exu Maior, ao qual você responderá!

O Guardião do Fogo levou Heitor a outro lugar desconhecido.

– Daqui para a frente é com você. Siga em direção ao portal!

– Mais uma vez agradeço, Guardião do Fogo. Obrigado por tudo o que fez por mim!

O Guardião do Fogo assentiu com a cabeça retribuindo os agradecimentos.

– Agora siga pelo portal!

Heitor seguiu. Ao adentrar, não pôde ver nada, mas sentiu uma vibração muito forte em seu espírito.

Mesmo sem ver ninguém à sua frente, Heitor curvou-se demostrando respeito para com a força ali presente e, ainda curvado, ouviu a voz daquele que daria outorga para usar seu nome...

– Salve, Guardião iniciante!

– Salve, Senhor Exu Maior! – Heitor retribuiu a saudação ainda curvado olhando para baixo.

– Sabe o que faz aqui?

– Não ao certo, senhor. Mas estou seguro em querer continuar a trilhar novos caminhos. Porém, mesmo não tendo certeza da missão que a mim será destinada, neste momento me entrego ao senhor, para que faça de mim um instrumento de trabalho, segundo vossa Lei e a Lei do Senhor do Fogo!

Heitor ainda não havia visto quem estava à sua frente, mas ainda sentia sua vibração.

– Levante-se, Guardião iniciante! – ordenou o Exu Maior. – Como posso ter certeza de que poderá carregar meu nome em suas missões e não o difamará!

Heitor não conseguiu responder no mesmo momento, estava estagnado com aquele que estava diante dele. Suas vestes eram diferentes das dos outros Guardiões, seu olhar transmitia medo; em suas mãos, carregava dois cajados, um deles em chamas. Era o mesmo que estava nas mãos do Senhor do Fogo quando Heitor fora apresentado.

Algum tempo depois, Heitor respondeu à pergunta... Se bem que o Exu Maior já sabia, pois podia sentir a vibração positiva que pairava daquele espírito. Além disso, quem chegava até aquele ponto estava preparado para se tornar um Guardião.

– Senhor, não sei se vós sabeis tudo o que passei em vida. Em razão de minhas escolhas, paguei caro pelo que fiz! Fui escravo das trevas por anos, depois, me juntei aos que praticavam o mal, continuei a cometer erros, até decidir mudar!... E paguei por isso também!

Hoje, sei que tudo o que passei teve um único culpado... Eu mesmo! Não quero mais ter passar por tudo aquilo! Esta é a mais pura verdade, senhor Exu Maior! Vim para servir à Lei e vou abster-me de minha missão caso a Lei diga que não sou digno! E, quanto ao vosso nome, digo... Posso sentir vossa força em meu espírito!... Não vou difamar vosso Sagrado nome, senhor!

O Exu Maior ficou a observar Heitor por um tempo. Em seguida, direcionou o cajado em chamas.

– Pegue, Guardião iniciante!

Heitor apanhou o cajado. As chamas se apagaram.

– Agora, deixe o cajado em chamas! – ordenou o Exu Maior.

Heitor estava tenso, não por achar que não conseguiria, mas por estar à frente de um Exu Maior.

– Vamos, iniciante! Deixe o cajado em chamas!

Heitor curvou-se, colocou o cajado à sua frente, fechou seus olhos e mentalizou todo aprendizado que recebera no Templo dos Guardiões. Buscou em seu espírito toda sua essência, todas as magias que aprendera e irradiou uma delas sob o cajado.

Ainda com seus olhos fechados, Heitor ouviu o Exu Maior se dirigir a ele.

– Abra seus olhos, Guardião iniciante!

Ao abrir seus olhos, Heitor viu que o cajado estava em chamas dentro de um círculo. Ali também havia alguns símbolos.

– Levante-se, Guardião! – ordenou o Exu Maior e ficou olhando de forma séria para Heitor.

Em seguida, deixou-o ciente quanto a sua missão.

– A partir de hoje carregará o nome de minha falange! Terá outorga para usar meu nome! Quando estiver no local onde será o chefe da esquerda, será o Guardião do Templo! Quando estiver em missões, usará meu nome, se assim achar necessário. Terá a mesma força que muitos de minha falange carregam e essa ficará em seu espírito até que a Lei decida direcioná-lo a novos caminhos. Se fizer mau uso de meu nome ou transgridir a Lei, essa também deixará seu espírito! Se isso acontecer, não tenha dúvidas de que terá de prestar contas!... Não esqueça esses símbolos. Na hora certa saberá que deverá usá-los!... Compreendeu tudo o que foi dito?

Heitor assentiu com a cabeça e o Exu maior concluiu.

– Eu o saúdo, Guardião, Exu do Fogo!

Heitor curvou-se e, ao levantar-se, não viu o Exu Maior. Viu apenas um portal à sua frente e por ele seguiu, mesmo sem saber que aquele portal o levaria para seu campo de atuação.

Exu do Fogo. O Guardião do Templo Sagrado

Assim que saiu do portal, o Guardião Exu do Fogo avistou um Templo religioso. Na porta, dois Seres de Luz estavam à sua espera.

Com seu cajado em mãos e sua longa capa em volta de seu corpo, o Guardião Exu do Fogo foi ao encontro deles.

– Eu saúdo sua chegada, Guardião Exu do Fogo! – era Pai Guiné quem o saudava.

– Agradeço suas palavras, senhor... Acho que já o conheço, não? – perguntou o Guardião Exu do Fogo a Pai Guiné.

– Sim. Era eu quem estava naquele Templo religioso quando ajudou aquela jovem a libertar-se das mazelas que tomavam seu espírito. Só fui até lá para conhecer quem seria o futuro Guardião deste Templo de caridade e, quando o vi, senti que poderia ser um dos nossos.

– Obrigado, senhor... Guiné... Esse é seu nome, não?

– Sim! Pode me chamar assim. Este ao meu lado é o Caboclo Sete Pedreiras.

– Caboclo Sete Pedreiras saúda sua chegada em nosso lar de caridade, Guardião Exu do Fogo!

O Guardião notou que a feição do Caboclo era muito séria, mas isso era normal. Estava em sua essência.

– Retribuo seus comprimentos, Caboclo Sete Pedreiras! – agradeceu o Guardião.

– Muito bem – era Pai Guiné quem falava. – Não temos tempo a perder. Vamos direto ao ponto... Fui direcionado para ajudar aos fiéis que virão a este Templo em busca de ajuda. Caboclo Sete Pedreiras também veio. Seremos os responsáveis por este Templo, assim como você também será, Guardião!... Afinal, não foi por acaso que teve uma evolução tão rápida!... Tudo fora muito bem planejado pelo plano espiritual... Acompanhe-me, por favor.

Eles adentraram no Templo.

– Note que já existem algumas firmezas prontas, Guardião. O que será utilizado por mim para passar um pouco de paz de espírito aos que estão na carne e auxiliá-los dentro da lei já está aqui. As ferramentas que serão utilizadas pelo Caboclo Sete Pedreiras também já estão firmadas! Mas o Templo não abrirá enquanto não tiver firmado sua esquerda! Será preciso proteção dos dois lados!

– Compreendi, senhor.

– Muito bem. Agora é com você!... Faça o que precisa ser feito!

O Guardião começou a caminhar pelo Templo, procurava um lugar ideal para fazer sua firmeza. Pouco tempo depois, sentiu onde seria.

– Senhor! Aqui ficará a firmeza!

– Ótimo, Guardião! Porém, além de nós, aquele que será nossa matéria também precisa estar ciente.

– Sabe onde posso encontrá-lo?

– Ele está em um pequeno cômodo nos fundos. É lá que ele mora com sua companheira.

O Guardião foi até o cômodo. Ao adentrar, viu um senhor em prece, parecia estar muito preocupado.

A fim de entender o porquê daquela preocupação, o Guardião decidiu ficar ao lado daquele senhor para ouvir o que pedia em sua prece.

– Pai! Não sei por que fui escolhido para essa missão, mesmo assim agradeço imensamente por isso... Mas confesso que estou apreensivo, Senhor! Sei que ainda faltam coisas, mas não consigo saber o que é! Por isso, neste momento, peço a vós e a todos os Seres de Luz que me livre dessa angústia e me direcionem, para que mais um Templo Sagrado possa ser aberto sob vossa regência e dos Orixás, Senhor – e continuou em prece aquele senhor.

O Guardião entendeu o motivo daquela angústia. Aquela prece fora feita mais ou menos na metade do século XX. A nova crença religiosa já havia iniciado há anos, porém, ainda assim, não era fácil para um ser encarnado aceitar que espíritos viriam de outros Planos para dar consultas espirituais... Mas aquele senhor tinha fé, e isso foi o bastante para que o Guardião agisse.

O senhor que seria o responsável pelas consultas ainda estava em prece. O Guardião colocou seu cajado à sua frente, direcionou suas mãos e, no mesmo momento, o cajado entrou em chamas... Elas iam em direção ao coração daquele senhor... A magia parecia esgotar o temor e a ansiedade que estavam em seu peito.

O Guardião continuou a agir. Colocou-se atrás daquele senhor e o cobriu com sua capa; transmitindo sentimentos de fé, falou em seu mental.

– Fique calmo! Assim como outros Seres de Luz, estarei ao seu lado para auxiliá-lo!

O Guardião ficou por algum tempo ao lado daquele que seria sua matéria e, em forma de intuição, deixava em seu mental o que precisava ser feito.

Depois de aproximadamente uma hora, aquele senhor levantou-se rapidamente e foi ao encontro de sua companheira.

– Precisamos sair agora!

– Mas aonde vamos? – perguntou a companheira.

– Precisamos de mais algumas coisas para que o Templo seja aberto! E eu já sei o que falta: as ferramentas dos Guias da esquerda!

Assim que ele saiu com sua companheira, Pai Guiné se dirigiu ao Guardião.

– Estou orgulhoso! É gratificante tê-lo aqui como Exu Chefe! Em pouco tempo deixou aquele Ser com a certeza do que precisava fazer.

– Agradeço suas palavras, senhor.

No dia seguinte, tudo o que o Guardião precisava para manter a firmeza daquele Templo Religioso já estava firmado em uma tronqueira, mas ainda faltava algo... Ali também teria de ter a firmeza de uma Guardiã.

Já era noite, quando Pai Guiné chegou acompanhado de uma bela dama.

– Salve, Guardião. Essa é a moça que irá ajudar na firmeza da esquerda. Veio para fazer sua parte. Como você, ela também fora regida pelo Trono da Justiça, porém sua missão será a de trabalhar nos aspectos negativos dos que estão em desequilíbrio... Assim que terminar sua parte, ela voltará para sua egrégora espiritual. De lá mesmo, ela poderá emanar forças para este Templo! Mas, quando for necessário, estará aqui!

O Guardião assentiu com a cabeça concordando com o que ouvira, em seguida saudou a moça à sua frente.

– Salve, Guardiã!

– Obrigada, Guardião. Receba meus cumprimentos... Pode mostrar-me onde será nosso ponto de força neste Templo?

– Claro! Acompanhe-me, Guardiã.

O Guardião apresentou a tronqueira para a Guardiã e, assim como ele precisou de suas ferramentas, ela também precisaria.

A Guardiã intuiu o senhor que seria o responsável pelas consultas. Dias depois, todas as ferramentas da esquerda estavam firmadas, assim como também as da direita.

Certo de que faltava algo, o Guardião foi até o lado de fora do Templo. Há tempos sentia que precisaria de alguém ali.

– Senhor! Se as pessoas que irão ser atendidas aqui entrarão por aquela porta, preciso que alguém a guarde!... Tenho sua permissão?

– Por que está pedindo permissão a mim, Guardião? É o Exu Chefe deste Templo! Tem outorga para trazer aliados! – afirmou Pai Guiné.

– Obrigado, senhor.

O Guardião lançou-se rapidamente para o Templo dos Guardiões. Foi à procura do Guardião do Fogo que ali ficava e pediu sua ajuda.

Alguns dias depois, dois novos Guardiões foram para o Templo e se apresentaram ao Guardião, que mostrou onde seria o campo de atuação deles.

– É aqui que eu preciso que fiquem quando o Templo for aberto! – falou o Guardião apontando para a entrada. – Serão os Guardiões desta porteira! Se notarem algo que não está de acordo com a Lei, têm permissão para agir, companheiros!

– Compreendemos, Guardião! Faremos a proteção do Templo! – falou um dos Guardiões da porteira.

– Bem, creio que a firmeza está feita – era Pai Guiné quem falava. – Agora, Guardião, você precisa intuir aquele que será nossa matéria a abrir o portal sagrado por onde chegarão muitos dos que estão na esquerda quando vierem em trabalho... Acredito que já saiba o que deva fazer, não?

– Claro, senhor! Preciso intuí-lo a riscar o ponto com os símbolos que vi quando fui apresentado ao Exu Maior!

Pai Guiné apenas sorriu. Estava feliz com a evolução do Guardião.

Naquela noite, enquanto o senhor que seria o responsável pelas consultas dormia, o Guardião ficou ao seu lado. Intuía-o quanto ao portal que deveria ser firmado.

Na noite seguinte, agindo por intuição, o senhor que seria o responsável pelas consultas foi até a tronqueira, pegou algumas ferramentas, marafo e todo o restante que o Guardião havia lhe intuído durante a noite anterior. Foi para o centro do Templo e ficou em prece.

Sua companheira estava ao seu lado. Ela fazia preces para que ele mantivesse a calma, a fim de que pudesse receber orientações dos Guias.

Ao lado deles, o Guardião estava ouvindo as preces e tentava de alguma forma ajudar aquele senhor.

– Você precisa riscar o ponto e firmá-lo com as ferramentas! – o Guardião tentava intuí-lo.

Mas, mesmo confiante, aquele senhor ainda estava um pouco temeroso.

Como viu que por intuição não estava dando certo, o Guardião teve de tomar uma decisão. Emanou forças para equilibrar aquele que seria sua matéria e tomou todo seu controle, mental e motor.

A companheira estava atenta e, assim como ele, também já havia visitado outros Templos... Ela sabia quando um espírito de Luz se manifestava.

Certa de que havia um Ser de Luz ali, ela ajoelhou-se próximo a seu companheiro e saudou a força ali presente.

– Eu saúdo vossa presença nesta casa de caridade, Senhor Exu!... Algo que eu possa fazer para ajudar?

Por intermédio daquele que concedera sua matéria, o Guardião orientou a companheira quanto ao que precisava. Ele mesmo riscou o ponto, posicionou as ferramentas, as velas, marafo, enfim, fez tudo o que precisava para que o portal fosse aberto.

Algum tempo depois, tudo estava pronto. O senhor que daria as consultas já estava estabilizado. Ele e sua companheira faziam preces próximos ao altar.

– Bem, creio que tudo está pronto – era Pai Guiné quem falava. – Agora, só precisamos da outorga do Senhor do Fogo para intuirmos nossa matéria a abrir o Templo. Mas, antes, preciso orientá-lo quanto ao portal, Guardião... Esse portal será ativado sempre que houver a necessidade de estarem aqui os que ajudarão na esquerda! É por aqui que chegarão, e você será o responsável pelos que entrarem neste Templo por este portal!... Exu que trabalha na Lei tem de respeitar a doutrina de um Templo religioso! Logo, caso veja algo que não esteja de acordo, já sabe que tem permissão para corrigir. Até porque muitos dos que virão são seres que agiram na escuridão e estão à procura de evolução espiritual... Porém, eles sempre estarão com um Exu de Lei ao lado para orientá-los!

Alguns dias depois, o Templo foi aberto. Nos primeiros dias eram poucas as pessoas que iam em busca da cura espiritual e das palavras confortadoras do Caboclo Sete Pedreiras e de Pai Guiné, mas, com o passar dos tempos, o número de pessoas foi aumentando. O senhor que era responsável pelas consultas quase não dava conta, e, por isso, iniciou outros para que pudessem ajudá-lo.

Além de cuidar da proteção daquele Templo, o Guardião tinha outra missão... Vigiar o portal por onde chegavam os que auxiliavam na esquerda e orientá-los na limpeza espiritual dos que iam em busca dela. Isso mesmo, o Guardião tinha de ficar atento à forma como esses Exus trabalhavam. Afinal, muitos deles foram espíritos trevosos e estavam em busca da evolução espiritual... A cada trabalho realizado, era como se cada um deles desse um passo a mais para se tornar um Exu de Lei.

Os Guias daquele Templo ficavam atentos a todos que iam em busca de ajuda. Muitos iam à procura de axé e equilíbrio para seu próprio espírito. Porém, havia outros que precisavam de mais atenção... Pessoas que foram vítimas de magia negativa e não mereciam, e elas, eram amparados por seres espirituais.

Porém, assim como nos dias de hoje, também existiam aqueles que estavam sofrendo demanda negativa por merecer... Sobretudo aqueles que fizeram por onde. Esses também iam em busca de curas, pois é um direito de cada ser. Entretanto, existe diferença entre querer e merecer. E isso aconteceu naquele Templo... O Guardião estava prestes a mostrar que, além do poder de descarrego, Exu também aconselha, direciona, abre caminhos. Porém, assim como todos os Guias, se percebe que o ser está sendo cobrado, não interfere, pois quem deve, uma hora terá de pagar.

Não é porque um Guia não interfere que devemos subestimá-lo. Em alguns casos, mesmo vendo a verdade, esses Guias tentam direcionar cada ser de forma que não entre em desespero, por saber que seu erro possa estar sendo cobrado... Mas existe um limite para isso... Ainda mais quando tentamos omitir algo a um Exu ligado à linha da Justiça.

Exu do Fogo. Exu da Justiça

Dia de consulta espiritual. Os Guardiões estavam na porteira, quando notaram a presença de um homem que aguardava do lado de fora. Ele já havia ido algumas vezes até aquele Templo, mas nunca entrava, não por ser impedido, mas por escolha própria. Naquele dia seria diferente. Ele esperou todos irem embora para que pudesse entrar.

Assim que percebeu sua aproximação, um dos Guardiões que estavam na porteira disse:

– Posso sentir a vibração dele mesmo de longe!

– Não se preocupe, companheiro. Esse Templo foi erguido com a força do Senhor do Fogo! Se ele deve algo, uma hora terá de pagar!... Deixe que entre – falou o outro Guardião.

– Ele pode até entrar, mas quem está do lado dele, não! Se tiver de cobrar, que seja longe daqui! – afirmou o outro Guardião, olhando para quem estava ao lado daquele homem.

Desesperado por ajuda, aquele homem passou por entre os Guardiões e foi ao encontro do responsável pelas consultas que, naquele momento, estava sentado. Em uma de suas mãos segurava um rosário e com a outra, de forma suave, pitava um cachimbo... Ao seu lado estava Pai Guiné.

Irradiado por Pai Guiné, o senhor responsável pelas consultas sentiu que aquele homem fora em busca de ajuda.

Como viu que ele estava apreensivo e não se aproximava, Pai Guiné fez com que sua matéria tomasse a iniciativa.

– Filho, logo o Templo terá de fechar. Se tem algo a dizer e quiser, aproxime-se e diga o que aflige seu coração.

Ele se aproximou e ajoelhou-se...

– Preciso de ajuda, senhor! Não estou mais aguentando passar por isso! Minha esposa foi embora, estou perdendo meus bens, tenho dívidas!... Não sei mais o que fazer!... Estou a ponto de cometer uma loucura!! – ele falava de forma desesperada.

– Acalme-se! – pediu Pai Guiné e segurou em suas mãos.

"Pai Guiné não segurou as mãos daquele homem apenas para confortá-lo. A intenção também era essa. Mas, além disso, queria sentir a vibração que vinha dele."

– Filho, estou aqui para ouvi-lo. Se quiser e sentir-se confortável, pode contar o que o aflige – aquele senhor falava de forma suave, pitava o cachimbo e, com seus olhos cerrados, olhava pelo entorno daquele homem em desespero.

– Eu não sei o que houve, senhor! Só sei que de repente comecei a perder tudo! Por isso estou aqui! Sinto que estou sendo vítima de magia negra!!... Tire isso de mim, senhor!! – implorou aquele homem.

Pai Guiné já imaginava o que estava acontecendo; o Guardião também, pois estava ao lado. Mas, para ter certeza, o velho sábio fez com que aquele homem ficasse em prece e se dirigiu ao Guardião.

– Vou ficar aqui até que ele termine sua prece. Pelo que pude sentir, acredito que ele não vai embora tão cedo.... Já sabe o que fazer, não sabe, Guardião?

O Guardião assentiu com a cabeça concordando com o que ouvira e foi ao encontro dos Guardiões da Porteira.

– Onde está o que acompanhava aquele homem? – perguntou para um dos Guardiões que estava na porteira.

– Está ali, companheiro! Não deixamos que fosse embora!

O que acompanhava aquele homem era um espírito que caminhava para ser um trevoso. Ele foi obrigado a ficar ali. Os Guardiões da porteira sabiam que o Exu do Fogo iria querer explicações.

O Guardião Exu do Fogo se aproximou do Guardião da porteira que mantinha preso aquele ser pelas correntes.

– Levante-o!

O Guardião ficou diante dele e o indagou:

– Quer dar explicações do que está acontecendo ou prefere que eu vá direto à fonte e veja a verdade?! – perguntou de forma séria o Guardião Exu do Fogo.

– Pode ir, senhor Guardião! Aquele miserável está devendo! Quase fui exterminado pela Lei por aceitar o que ele fez! Agora, ele vai pagar com a mesma moeda, se não pior! – afirmou o ser que demandava contra aquele homem. Ele ainda estava preso por correntes.

O Exu do Fogo pensou por alguns instantes e, em seguida pediu ao Guardião da porteira.

– Liberte-o! – e se dirigiu ao Ser. – Eu vou em busca da verdade! Se o que estiver dizendo não estiver de acordo com o que verei, eu mesmo vou à sua procura!... Fui claro?

– Pode ir, Guardião! Se quiser, eu mesmo mostro o caminho de onde foi feito!

O Guardião sabia que aquele ser não estava mentindo...

– Vá embora! E, se tiver de cobrar, que seja longe desse Templo religioso! Se tentar se aproximar daqui, eu mesmo farei com que pague por isso!... Você entendeu?!

– Sim, senhor Guardião.

E, em fração de segundos, aquele ser sumiu.

O Guardião voltou para dentro do Templo, colocou seu cajado em chamas atrás daquele homem e ficou observando a energia que vinha de seu espírito. Assim que conseguiu ver a que estava ligada aquela energia, pegou seu cajado e lançou-se rapidamente, até que chegou ao lugar onde estava a raiz de tudo o que acontecia com aquele homem em desespero.

O local era estranho; em volta havia restos de animais, velas, oferendas. Tinha até alguns trevosos próximos. Eles pegavam para si as essências negativas que ali estavam.

O Guardião ficou ali apenas alguns segundos, mas foi o suficiente para ver e entender o que havia acontecido.

Já de volta ao Templo, o Guardião viu que aquele homem ainda estava em prece e, ciente do que havia acontecido, decidiu que agiria.

O senhor responsável pelas consultas daquele Templo ainda estava sentado sob irradiação de Pai Guiné, quando, segundos depois, olhou para o homem que estava em prece e indagou:

– Já terminou sua prece?! – perguntou de forma séria.

O homem olhou assustado, porque o responsável pelas consultas não falava mais de forma suave, não segurava o rosário, não mais pitava o cachimbo. Seus olhos não estavam mais cerrados, ele olhava de forma séria, e havia um motivo para isso: o Guardião havia assumido o controle da situação.

– Sim. Já terminei minha prece, senhor – respondeu ele meio temeroso.

– Pode me chamar de Exu!... Diga!... O que veio buscar?!

– Preciso de ajuda, senhor Exu! – e contou da mesma forma que havia dito ao Pai Guiné.

– Tem certeza de que precisa de ajuda? – o Guardião perguntou olhando fixamente em seus olhos.

– Acho que fui vítima de magia negra, senhor Exu – ele falava, mas não conseguia olhar diretamente nos olhos do Exu.

– Você já disse isso!... Minha pergunta foi: tem certeza de que precisa de ajuda?!

Aquele homem ficou em silêncio e o Guardião prosseguiu.

– Tem alguma ideia do que aconteceu para achar que está sob demanda de magia negra?!.. Se quiser falar, estou aqui para ouvi-lo! – o Guardião falava firme. Ele ainda olhava de forma séria para aquele homem.

– Não me lembro de ter feito nada, senhor Exu! Estou aqui para pedir ajuda! Só quero me ver livre de tudo isso!

– Está certo de que precisa de ajuda?!

– Acho que sim – aquele homem estava preocupado com as perguntas.

– Precisa ter certeza!... Não posso obrigá-lo a nada! Mas também não posso aceitar que pessoas venham a este Templo pedindo ajuda, sem que tenham a certeza de que mereçam!... Eu vou perguntar novamente e você terá o direito de dizer ou não o motivo de estar acontecendo tudo isso em sua vida... Tem alguma ideia do que aconteceu para achar que está sob demanda de magia negra? Tem certeza de que precisa de ajuda?

Não havia mais o que esconder. Naquele momento, o homem teve a certeza de que aquela entidade à sua frente sabia da verdade e resolveu confessar.

Ele realmente tinha muitos bens e alguns de seus familiares também. Porém, a ganância fez com que aquele homem pagasse para que fizessem trabalhos de magia negra contra os que eram de sua família.

Ele ficou por mais de uma hora contando ao Exu do Fogo o que havia feito, como havia planejado e o motivo que o levou a fazer aquilo...

– Essa é toda a verdade, senhor Exu! Fui ganancioso! Sabia que, caso morressem, eu teria chances de tomar posse de seus bens... Por isso paguei para que fizessem aquilo!

– E, agora, você vê qual foi o resultado de sua ganância?!

– Sim... Parece que tudo se voltou contra mim – lamentou.

– Você até pode conquistar algo pela magia negra, mas fato é!... Uma hora será cobrado! E, se está sendo cobrado neste momento porque as forças se levantaram contra você, não vou nem colocar minhas mãos! Não posso desafiar a Lei, mas posso orientá-lo para que peça por você mesmo!

– Creio que não será possível, senhor Exu. Alguns dos que demandei contra ficaram ruins, e eu sabia que era o culpado! De alguma forma a magia pegou em alguns. Mas, graças a Deus, hoje, estão bem!

– Isso prova que não mereciam receber o que foi demandado, e, se você está passando por isso, é porque foi atrás!... Não culpe a outros pelas dificuldades que estão acontecendo em sua vida! Não culpe Deus! Você mesmo sabe que foi o responsável por tudo isso!

Aquele homem não conseguia ficar de outra forma a não ser cabisbaixo.

Mas, mesmo assim, o Guardião não o poupou. Tinha de dizer toda a verdade...

– Coloque-se no lugar daquelas pessoas! O que sentiria se fosse vítima de uma ação estúpida e impensada como essa?!

– Mas eles não sabem o que fiz, senhor Exu!

– Mas receberam! E não é preciso que saibam! Você sabe de tudo! Já é o suficiente para se colocar no lugar deles!

Ele voltou a ficar cabisbaixo.

– Bem, como disse antes, não posso interferir na Lei, mas posso orientá-lo... Peça por você! Peça perdão por tudo o que fez! Peça que Deus conforte seu espírito e o dos que foram atingidos... Veja bem!... Pedir perdão não fará com que se livre de ser cobrado, até porque quem deve irá pagar! Pode até ser que não paguem neste plano em que vivem, mas pagarão, e não importa onde estejam!

– O senhor acha que vou receber o perdão? – aquele homem perguntou aflito.

– Não sei! Não sou eu quem concede o perdão! E também não tenho o dom de adivinhar o que nosso Ser Supremo irá fazer!... Mas tenho certeza de que você pode tentar buscar!

O Exu do Fogo deu mais alguns conselhos, e, em seguida, aquele homem o agradeceu...

– Obrigado por aliviar meu espírito, senhor Exu! Não tenho outra escolha a não ser aceitar a culpa e ir em busca do perdão... Mas sinto que continuarei pagando por tudo o que fiz.

– Se já está pagando, agradeça!... Não queira pagar após a morte! O que está passando aqui não se compara com o que acontece naquele inferno!... E posso dizer isso com propriedade!... Acredite!... Eu, em seu lugar, agradeceria por estar pagando em vida!... Compreendeu tudo o que ouviu?

– Sim, senhor Exu.

– Ótimo!... E não se esqueça, meu amigo!... Você até pode esconder seus erros aos olhos dos que estão na carne, mas nunca conseguirá esconder dos olhos divinos!... Se deve, irá pagar, e não importa o tempo!.... Se não pagar de um lado, pagará do outro!... Somos cobrados por nossas próprias ações e escolhas!... Agora pode pegar o rumo de sua casa... Boa noite!

"Foi desta forma que Heitor se tornou o Guardião do Templo. Depois de todos os erros cometidos em vida e em espírito e ser condenado a ficar preso nas trevas, sentiu que havia esperança de mudar seus caminhos. Hoje, além de Guardião, é um dentre tantos falangeiros do Exu maior, denominado Exu do Fogo, e com esse nome se apresenta quando julga ser necessário, pois conquistou a confiança daqueles que um dia o regeram.

O Guardião continua com a sua missão, ainda é o Exu Chefe de um Templo religioso. Ajuda os que estão na carne, direciona, corrige seus erros, se assim for necessário e permitido. Mas, caso perceba que é preciso, não deixe de mostrar a eles suas verdades, caso estejam sendo cobrados. Além disso, sabe que pode contar com seus aliados. Isso mesmo. Assim como outros Guardiões, o Guardião do Templo conquistou aliados. Esses foram apresentados a uma das Forças Divinas e, assim como todos, também têm seus pontos de força, e o Exu do Fogo sabe onde encontrá-los e que pode contar com o auxílio de todos.

Agora, peço que fique atento aos sinais, filho. Em breve receberá a história de vida de uma jovem chamada Ruth, que, em vida, passou por momentos que nenhuma mulher gostaria de passar. E, em virtude do sofrimento, perdas e ameaças, plantou em seu peito sentimento negativo. Em consequência disso, para não mais sofrer ou ver outros sofrerem, tomou sua decisão, mesmo ciente de que poderia pagar após sua morte. Mas, anos depois, a linda e jovem, que sofrera na carne e em espírito, foi regida por um Orixá e apresentada a um trono à esquerda. Hoje, Ruth se apresenta como Maria Padilha das Almas. A Guardiã das Sete Catacumbas...* E será nessa história que verá também grande parte da vida em espírito de Inácio, o ser que demandava contra a jovem, mas foi impedido de continuar pelos Guardiões. Porém, tempos depois, Inácio se arrependeu de seus atos, recebeu ajuda dos Guardiões, e hoje o ser, que era forçado a levar espíritos para serem escravos das trevas, se apresenta como Tranca-Rua da Encruzilhada. (Palavras do Preto-Velho)

Fim

---

*N.E.: Sugerimos a leitura *A Guardiã das Sete Catacumbas* de Carlos Casimiro, Madras Editora.